알렉산더 슈메만

대 사순절
부활절을 향한 여행

The Publication of this book was made possible through
the generous donation of the Greek Brotherhood
of External Mission in Thessalonika, Greeece.

대 사순절

초판1쇄 발행   2013년 4월 5일
초판2쇄 발행   2016년 6월 8일

지 은 이   알렉산더 슈메만
옮 긴 이   그레고리오스 박노양
펴 낸 이   암브로시오스 대주교
펴 낸 곳   정교회출판사
출판등록   제313-2010-5호

주   소   서울특별시 마포구 아현동 424-1
전   화   02)364-7020
팩   스   02)365-2698
홈페이지   www.philokalia.co.kr
e-mail   editions@orthodox.or.kr

ISBN 978-89-92941-27-3 03230
정가 10,000원

* 잘못된 책은 바꿔드립니다.

이 책의 한국어판 저작권은 St Vladimir's Seminary Press와 계약한 정교회출판사에 있습니다.
저작권법에 의해 한국 내에서 보호를 받는 저작물이므로 무단 전재 및 무단 복제를 금합니다.

Originally published as Great Lent: Journey to Pascha in 1969 by St Vladimir's Seminary Press
Copyright ⓒ 1969 by St Vladimir's Seminary Press
This Korean translation is produced by permission of St Vladimir's Seminary Press
Copyright ⓒ 2013 by Korean Orthodox Editions

대 사순절
| 부활절을 향한 여행 |

알렉산더 슈메만

정교회출판사

목 차

- 머리글　8
- 서문　15
- 서론 – 대 사순절 : 부활절(빠스까)을 향한 여행　17

I '뜨리오디온' : 대 사순절 준비기간

갈망 : 자캐오의 주일	26
겸손 : 세리와 바리사이파 사람의 주일	29
유배로부터 돌아옴 : 탕자의 주일	35
마지막 심판 : 금육 주일	40
용서 : 유식(乳食) 주일	47

II 대 사순절의 전례 기도

기쁨어린 슬픔	56
시리아인 에프렘 성인의 대 사순절 기도	61
성경	69
『뜨리오디온』	74

III 미리 축성된 성찬예배

성찬 교제의 두 가지 의미	84
금식의 두 가지 의미	90
저녁에 행해지는 성찬 교제	96
전례 규칙	100

IV 대 사순절의 여정
시작 : 대 까논	112
대 사순절의 토요일들	119
대 사순절의 주일들	131
대 사순절의 중간 : 거룩한 십자가	141
베다니아와 예루살렘으로 가는 길	148

V 대 사순절과 우리의 삶
대 사순절을 심각하게 생각하라	162
대 사순절 전례에 참여하라	169
기도와 금식	172
우리 그리스도인들에게 금식은 무엇인가?	177
대 사순절의 '삶의 스타일'	183
역사적 소고	193

■ 참고 문헌 : 역사적 소고　199

 신자들이여, 옛날 니느웨 사람들이 그랬듯이, 기쁨으로 금식 선언을 받아들입시다. 창녀들과 세리들이 세례자 요한에게서 회개의 설교를 받아들였듯이, 절제를 통해 시온에서 있을 주님의 거룩한 만찬에 참여할 수 있도록 준비합시다. 주님께서 영광스러운 제자들에게 하셨듯이 우리의 발을 씻겨주시기에 앞서 먼저 눈물로 우리 자신을 정화합시다. 그리하여 진리의 빠스까가 개시될 신비의 완성을 볼 수 있는 은총을 간구합시다. 우리 하느님 그리스도의 부활에 영광 돌리기 위하여 십자가 앞에 경배할 수 있도록 준비합시다. 그리고 말씀드립시다. 사람의 친구이신 주여, 당신은 우리의 희망이시니, 우리를 내치지 마소서.

(유식주간, 화요일 만과, 아뽀스띠하)

머리글

잘 알려져 있다시피 정교회는 그리스도교의 다른 교회들보다 더 풍부한 예배(전례)를 가지고 있습니다. 이것이 당연한 것은 정교회는 교회가 분열되기 전의 천 년동안 계속 이어져 내려오는 하나의 교회의 예배를 드리고 있기 때문입니다.

한 해의 전례력에서 대大 사순절은 가장 중요하고 중심이 되는 기간입니다. 왜냐하면 사순절은 교회의 전례력에서 그 어떤 기간보다 더 경건하고 의미 있는 기간이기 때문입니다. 하느님으로부터 영감을 받은 교부들과 교회의 스승들은 경이로운 영적인 기도문들을 썼고, 작사가들은 영감으로 충만한 훌륭한 신학적 시들을 지었으며, 이것을 작곡가들은 가장 적절한 음으로 조화시켜 사순절과 성 대 주간 그리고 부활절의 사건들과 영적인 주제들을 찬송하게 하였습니다.

정교회 전례학에 있어서 우리 시대의 가장 유명하고 영원히 기억될 알렉산더 슈메만Alexander Schmemann 사제는 이 저서에서 사순절의 신학적이고도 영적인 의미를 깊게 있게 보여주는 데 놀라운 성취를 이루었습니다. 저자는 사순절에 대해 "축일 중에 축일인 부활절이 목적지인 하나의 영적인 여행이다"라고 쓰고 있습니다. 슈메만 사제는 이 책을 통해서 새로운 그리스도교적 삶으로의 우리들의 "건너감", 즉 우리들의 진정한 "빠스카"를 위해서 우리가 무엇을 해야만 하는지 알 수 있도록 해줄 하나의 최상의 길을 제공하고 있습니다.

많은 언어로 번역된 저자의 이 책이 지니는 가치는, 이 책이 오랜 세월의 진지하고도 엄밀한 학문적 연구의 결과라는 점뿐만 아니라 무엇보다도 저자가 어린 시절부터 정교회의 가정 안에서 정교회의 덕으로 삶으로써 쌓아온 그 자신의 경험에 풍부하게 기초하고 있다는 점에 있습니다.

한국에서는 아직도 많은 사람들이, 특별히 많은 그리스도인들이 초대교회 예배의 위대한 보화에 대해 알지 못하기 때문에, 초대교회의 전통을 충실하게 계승해온 정교회가 왜 부활절을 그토록 중요하게 생각하는지, 또한 우리의 영적 삶을 새롭게 함으로써 부활절을 맞이하기 위해 영적으로 준비하는 사순절의 의미를 신학적으로나 실천적으로 그토록 힘주어 강조하는지를 잘 이해하지 못하는 것 같습니다.

그러므로 이 책의 출판은, 우리 신앙에 있어서 아주 본질적인 것임에도 불구하고 한국 그리스도교 안에서는 이제껏 너무나 가볍게 여겨져 온, 이 고귀한 사순절의 의미를 이제 다시 한번 바르게 이해하고 그 정신과 실천을 회복하는 데 큰 도움을 줄 수 있으리라 생각됩니다.

이 책을 읽는 독자들이 도움을 받을 수 있도록 뜨리오디온 기간이 무엇인지에 대한 설명을 덧붙입니다.

뜨리오디온은 정교회에서 가장 경건한 예배서입니다. 그리고 이 뜨리오디온은 예배서만을 의미하는 것이 아니고, 빠스카로 인도되는 교회의 모든 기간(10주간)을 또한 의미합니다.

뜨리오디온는 하나의 의미 있는 사다리와 비슷합니다. 즉, 사다리를 올라가듯이, 영적으로 더 높은 계단을 매일 올라가면서 빠스카의 축제를 축하하기 위해 하느님의 왕국에 점점 더 가까이 다가가는 것입니다.

『뜨리오디온』은 세 부분으로 나누어집니다.

1) 사순절 전 3주간
2) 사순절
3) 성 대 주간

첫째, 사순절 전 3주간

1) 세리와 바리사이파 사람 주일 : 세리와 바리사이파 사람에 대한 복음말씀(루가 18:10-14)에서 우리에게 겸손은 영적 투쟁의 시작을 위해 꼭 필요한 것임을 가르쳐줍니다.

2) 탕자의 주일 : 탕자에 대한 복음말씀(루가 15:11-32)에서 회개의 가치에 대해서 가르쳐줍니다.

3) 금육 주일 : 최후의 심판에 대한 복음말씀(마태오 25:31-46)에서 주님께서는 우리에게서 진실한 사랑을 요구하신다는 것을 가르쳐줍니다.

4) 사순절 전 주일 : 이 주일의 복음말씀과 성가들에서 신자들로 하여금 잃어버린 천국에 다시 보물을 쌓길 원하도록 하기 위해 낙원에서의 추방을 상기시켜 줍니다.

둘째, 사순절 기간

1) 사순절 제1주일 - 정교주일 : 이 날은 성인들과 존귀한 성화(聖畵, 이콘)의 회복(AD 787)에 대해서 축일로 기념합니다.

2) 사순절 제2주일 - 성 그레고리오스 빨라마스 : 이 날은 정교회 교리의 가장 큰 스승 중의 한 분이신 성 그레고리오스 빨라마스(14세기)를 기념합니다.

3) 사순절 제3주일 - 십자가경배 주일 : 이 날은 사순절의 가운데 날로 신자들이 십자가에 경배하면서 남은 기간 동안 영적 투쟁을 용기와 힘을 가지고 계속 할 수 있도록 격려해 줍니다.

4) 사순절 제4주일 - 시나이의 성 요한 수도자 : 이 날은 정교회 최고의 영적 서적 중에 하나인 『사다리Klimax』를 저술하신 클리마코스의 성 요한(AD 603)을 기념합니다.

5) 사순절 제5주일 - 성 마리아 에집트인 수녀 : 이 날은 에집트의 성 마리아(AD 378)를 기념한다. 예전에 창녀였던 성녀의 삶을 통해 죄에 물들었던 사람들이라도 회개를 통해 구원받을 수 있다는 것을 가르쳐 줍니다.

6) 사순절 제6주일 - 성지 주일(그리스도의 예루살렘 입성) : 사순절의 마지막 주일이고 성 대 주간(고난 주간) 전으로 주님의 수난 받으시기 며칠 전 예루살렘에 입성하심(요한 12:1-18)을 기념합니다.

셋째, 성 대 주간

1) 성 대 월요일 - 신랑 의식 : 이 날은 a)주님의 표본인 선량한 요셉(창세기 37:2-50:26)을 본 받고, b)신자들이 잘 투쟁 할 수 있도록 격려하여, 덕을 쌓을 수 있도록 하기 위해, 영적 결실이 없는 유대인들의 회당을 상징적으로 보여주는, 열매를 맺시 못하는 무화과나무(마태오 21:19-22)의 비유의 교훈을 보여줍니다.

2) 성 대 화요일 - 신랑 의식 : 이 날은 열 처녀의 비유(마태오 25:1-13)를 통해 신자들 개인의 죽음과 주님의 재림을 생각하며 언제 올지 모르는 하늘의 신랑을 맞을 수 있도록 늘 준비해야 함을 가르쳐줍니다.

3) 성 대 수요일 - 신랑 의식 : 이 날은 주님의 수난 전에 예전에 창녀였던 한 여인이 주님의 발에 향료를 부어드린 말씀(마태오 26:6-16)을 통해 신자들에게 회개의 큰 가치를 가르쳐 줍니다.

4) 성 대 목요일 - 최후의 만찬 기념 예배 : 이 날은 주님의 생애에서 네 가지 큰 사건을 기념하는 예배를 드립니다. a)제자들의 발을 씻어 주심(요한 13:4-17) b)최후의 만찬, 즉 주님으로부터 신비의 감사의 성사가 제정됨(마태오 26:20-30) c)주님의 올리브산에서의 기도(루가 22:39-44) d) 유다에게 배반당하신 주님(마태오 26:47-50)

5) 성 대 금요일 - 주님 수난일 : 이 날은 주님이 당하신 수난과 십자가에 달리심과 죽으심을 기억할 뿐만 아니라, 또한 주님과 같이 십자가에 달려 주님께 하늘의 왕국에서도 기억해달라고 고백하여 구원을 받은 오른쪽 강도를 기억합니다.(마태오 27:27-50, 마르코 15:16-32, 루가 23:32-49)

6) 성 대 토요일 - 주님의 장례예식 : 이 날은 아리마테 요셉과 니고데모에 의해 무덤에 모셔진 주님과(마태오 27:57-60, 요한 19:38-42), 또한 주님께서 캄캄한 지하의 세계로 내려가 주님이 오시기 전에 잠드신 이들의 영혼에 해방을 선포한 것을 기념합니다.(베드로Ⅰ 3:18-19)

성 대 토요일 한밤중에 이 뜨리오디온 기간이 끝나게 됩니다. 그리고 빠스카(부활) 주일로부터 오순절 축일 때까지 이어지는 오순절 기간이 시작됩니다.

뜨리오디온의 모든 기간은 금식과 기도와 회개를 통해서 "자발적으로 수난"을 받으신 주님을 받아들이고, 주님의 고통과 부활에 동참하는 준비를 하는 데 목적이 있습니다.

　빠스카는 위에서 언급했듯이 우리의 여정과 여행의 목적이고 마지막입니다. 이렇듯 정교회는 신자들이 가장 큰 축일인 주님의 부활을 초대교회의 전통과 믿음에 따라 성경의 복음 내용과 아름다운 성가들과 이 기간 동안의 예배를 통해서 영적 부활로 "축제 중의 축제"로 경축하게 해줍니다. 그래서 정교회에서는 다른 그리스도교의 교파들과는 달리 성탄절보다 부활절을 더 큰 축일로 지내는 것입니다. 왜냐하면 바울로 사도의 말씀대로 "그리스도께서 다시 살아나지 않으셨다면 우리가 전한 것도 헛된 것이요 여러분의 믿음도 헛된 것일 수밖에 없을 것입니다…… 만일 그리스도께서 다시 살아나시지 않았다면 여러분의 믿음은 헛된 것이 되고 여러분은 아직도 죄에서 헤어나지 못하고 있을 것"(고린토I 15:14,17)이기 때문입니다.

　그리고 이 사순절 기간은 초대교회와 마찬가지로 부활절날 세례성사를 받으려하는 세례예비자들의 준비기간입니다. 또한 세례성사의 신비를 잊어버리고 있는 신자들에게는 다시 고행과 수도를 통해 세례성사의 은총을 회복하는 기간입니다. 그러므로 빠스카는 우리가 세례로 다시 돌아갈 수 있는 영적 기회인 것이다. 그러므로 우리의 여정과 우리들의 빠스카를 진지한 결단과 실천을 통해 맞이합시다. 주님의 십자가에 딜리심과 무덤에 묻히심과 부활하심에 동참하기 위해서, 우리들의 욕정을 십자가에 못박고 우리들의 죄와 투쟁합시다. 그리하여 주님의 부활과 함께 주님 안에서 새로운 삶을 살아갈 수 있도록 영적으로 부활합시다.

성 대 월요일의 한 아름다운 성가는 복음저자 마태오의 말(마태오 20:18)을 인용하여 사순절의 목적을 시적으로 잘 표현하고 있습니다.

자의로 수난을 향해 걸어가시면서,
주님께서는 도중에 제자들에게 말씀하셨도다.
"보아라, 우리는 예루살렘으로 올라간다.
성경에 기록된 대로 사람의 아들은 넘겨질 것이다."
그분과 함께 걷기 위해 와서 다함께 우리 생각들을 정화합시다.
그분과 함께 십자가에 달립시다.
그분 안에서 이생의 쾌락에 대해 죽읍시다.
그리하여 그분과 함께 살고, 그분의 외침을 들읍시다.
"내가 고통받기 위해 올라가는 곳은 지상의 예루살렘이 아니니라.
나는 나의 아버지 너희의 아버지,
나의 하느님 너희의 하느님을 향해 올라가느니라.
너희는 나와 함께 천상의 예루살렘, 하늘 왕국으로 올라갈 것이니라."[1]

정교회 한국대교구장
✝암브로시오스 조성암 대주교

---

[1] 성 대 월요일 조과의 애니성가

서 문

대 사순절에 대한 간단한 이 해설서는 정교회의 전례 전통을 보다 깊이 이해하고 그 삶에 보다 의식적으로 참여하길 원하는 오늘날의 많은 사람들을 위한 것이다.

우리가 알다시피 참회는 진정한 그리스도교적 삶의 시작이요 조건이다. 복음을 선포하기 시작하셨을 때, 그리스도께서 첫 번째로 하신 말씀이 바로 "회개하라"(마태오 4장17절)였다. 그러나 참회란 과연 무엇인가? 번잡한 일상생활에 쫓기듯 살아가는 우리는 이것에 대해 생각해볼 시간을 가지지 못한다. 그래서 대 사순절 동안 우리가 해야 할 일은 그저 몇몇 음식을 절제하고, 오락을 삼가고, 고백 성사를 드리고, 사제로부터 사죄 선언을 받고, 성체 성혈을 받고 - 그것도 일 년에 단 한 번! - 그리고는 다음 해까지 해야 할 의무를 다했다는 듯 뿌듯해 하며 살아가면 되는 줄 안다. 그러나 교회가 7주간을 특별한 시간으로 구별해서 참회를 위한 시간으로 삼고, 우리들을 오래고도 끈질긴 영적인 분투에로 초대하는 데는 이유가 있다. 이 모든 것들은 확실히 나 자신, 나의 신앙, 나의 삶, 교회 공동체에 속해 있다는 사실 등과 관련이 있다. 그러므로 나의 첫 번째 의무는 대 사순절에 대한 교회의 가르침을 이해하려 노력하고, 또 이름만이 아니라 나의 삶 안에서 진정으로 정교회 그리스도인이 되도록 힘쓰는 것이 아니겠는가?

참회란 무엇인가? 왜 우리는 그것을 필요로 하는가? 어떻게 그것을 실천해야 하는가? 이런 질문들에 대해 대 사순절은 우리에게 대답해 준다. 대 사순절은 참된 '참회의 학교'이다. 거기서 모든 그리스도인은 자신의 신앙을 더욱 심화시키고, 자신의 삶을 되돌아보며, 가능한 한 그것을 변화시키는 데로 나아가야만 한다. 그것은 정통 신앙의 원천들 그 자체를 향한 놀라운 순례이며, 정교회 신앙인으로 살아가는 방법에 대한 하나의 재발견이다.

교회는 우리에게 대 사순절 전례의 여러 형식들과 그 정신을 통해서 이 특별한 기간의 의미를 보여준다. 그러므로 대 사순절에 대한 이 간략한 해설은 비록 배타적으로 그러한 것은 아니지만, 주요하게는 대 사순절 전례 의식들에 기초한다.[2] 바라건대 이 글을 읽고 난 후, 독자들 스스로가 "대 사순절의 봄"이라 할 이 축복된 계절에 우리의 어머니인 교회가 우리에게 드러내 주고 기꺼이 나누어주는 그 모든 은총보다 더 아름답고 심오한 것은 이 세상 어디에도 없다는 것, 또 그것보다 더 감동적이고 영감이 넘치는 것은 어디에도 없다는 것을 깨닫게 되길 빈다.

---

2) 역자 주) 이 책의 저자는 슬라브 정교회의 의식들을 해설한다. 그리스 정교회의 관습은 종종 조금씩 차이가 난다. 그러나 전례 본문들 전체와 그로부터 우러나오는 정신은 모든 정교회 안에서 동일하다.

서론

대 사순절 : 부활절(빠스까)을 향한 여행

여행을 할 때, 어디로 가는지 알아야 한다. 대 사순절도 마찬가지다. 무엇보다도 먼저 대 사순절은 하나의 영적 여행이며, 그 목적지는 "축제 중의 축제"인 부활절이다.[3] 그것은 "부활의 완성, 참된 계시"를 향한 준비이다. 그러므로 우리는 대 사순절과 부활절의 이 관계를 이해하는 것으로부터 시작해야만 한다. 왜냐하면 이 관계는 우리의 신앙과 그리스도교적인 삶에서 매우 본질적이며 결정적인 어떤 것을 알려주기 때문이다.

부활절이 그저 여러 축제들 중의 한 축제에 머물지 않고 그것들을 훨씬 뛰어 넘는 것이요, 과거 사건에 대해 연례적 기념 그 이상의 무엇이라는 사실을 설명할 필요가 있을까? 단 한 번이라도 "대낮보다도 더 눈부시도록 밝은" 부활절 철야 예배에 참여하여 이 특별한 기쁨을 맛본 사람이라면 누구라도 그것을 직감할 것이다. 그러나 이 기쁨은 어디서 오는 것일까? 우리가 부활절 전례에서 그러하듯이, "오늘날, 만물은 빛으로 가득 채워졌네. 하늘도 땅도 지옥조차도"라고 찬미할 수 있는 이

---

[3] 대 사순절의 역사에 대해서는 이 책 5장의 역사적 소고를 참고하라.

유는 무엇일까? 어떤 의미로 우리는 "죽음의 사멸이요, 지옥의 멸망이요, 새롭고 영원한 생명의 시작인 이 부활절"을 경축하는가? 이 모든 질문에 대한 대답은 바로 이것이다. 즉 2천 년 전 한 무덤에서 흘러넘친 새 생명이 그리스도를 믿는 우리 모두에게 주어졌다는 것이다. 이 새 생명은 우리가 세례 받던 날 우리에게 주어졌다. 바울로 성인은 세례에 대해 이렇게 말한다. "과연 우리는 세례를 받고 죽어서 그분과 함께 묻혔습니다. 그래서 그리스도께서 아버지의 영광스러운 능력으로 죽은 자들 가운데서 다시 살아나신 것처럼 우리도 새 생명을 얻어 살아가게 된 것입니다." (로마 6장 4절)

이렇게 부활절에 우리는 이미 일어난 것으로서 또한 우리에게 지금 일어나고 있는 것으로서 그리스도의 부활을 경축한다. 왜냐하면 우리들 각자는 이 새 생명의 선물을 받았고, 그것을 받아들이고 그것으로 살아갈 수 있는 능력을 부여받았기 때문이다. 그것은 죽음을 포함해서 이 세상에 있는 모든 것들에 대한 우리의 태도를 근본적으로 바꿔주며, 우리로 하여금 환희에 차서 "죽음은 더 이상 존재하지 않는다"라고 선언할 수 있도록 해주는 선물이다. 확실히, 죽음은 아직도 여전히 존재하고, 우리는 날마다 그것을 만나며, 어느 날 그것은 우리를 사로잡으러 올 것이다. 그러나 우리의 신앙 전체는 바로 그리스도께서 자신의 죽음을 통해 죽음의 본질 그 자체를 변화시켜 놓았다는 사실 위에 놓여 있다. 비극 중의 비극을 숭고한 승리로 전환시키심으로써, 그리스도께서는 죽음을 하느님 나라로의 하나의 통과passage, 하나의 빠스까Pascha로 만드셨다. "죽음으로 죽음을 짓밟으심으로", 그분은 우리를 그의 부활에 참여하는 자들이 되게 하셨다. 이것이 바로, 부활절 조과(아침기도) 마지막 부분에서, 우리가 이렇게 찬미하는 이유이다 : "그리스도께서 부활하셨네. 보아라, 생명이 지배하는 것을! 그리스도께서 부활하셨네. 어떤 주검도 더 이상 무덤에 있지 않네."

이것이 바로 수많은 성인들에 의해 확신되고 증언된 교회의 신앙이다. 그럼에도 불구하고 이 신앙이 드물게만 우리의 것이 되고, 선물로 받은 이 새 생명을 언제나 잃어버리고 배반하며, 그래서 마치 그리스도께서 죽은 자들 가운데서 부활하지 않았다는 듯이, 또 이 유일무이한 사건이 우리에게는 조금의 의미도 없다는 듯이 살아가는 모습을 날마다 경험하지 않는가? 이 모든 것은 우리가 약하고 그래서 끊임없이 믿음과 소망과 사랑을, 다시 말해 "너희는 먼저 하느님 나라와 그의 의를 구하라"라고 말씀하심으로써 그리스도께서 우리를 끌어올리고자 하신 그 삶의 차원을 살아내지 못하기 때문이다. 우리가 나날의 관심사들에 몰두하고 그것에 푹 빠져 있는 한, 우리는 그것을 잊게 된다. 그리고 잊어버리기 때문에 우리는 넘어진다. 이 망각, 이 추락, 이 죄악 때문에 우리의 생명은 새 것에서 "옛 것"으로, 보잘 것 없는 것, 어둠에 갇힌 것, 그래서 의미를 상실한 것이 되어버린다. 결국 별 의미 없는 목적을 향해 가는 의미 없는 여행이 된다. 우리는 죽음을 잊어버리기 위해 발버둥 친다. 그러나 보아라. 돌연, 그렇게도 우아하던 우리의 삶의 한 가운데서 죽음은 두렵고 불가피하며 부조리한 모습으로 우리 앞에 마주 서 있다. 우리는, 우리의 삶을 그리스도께서 우리에게 계시하시고 선사해 주신 이 새 생명에 비추어 보지 않고도, 종종 우리의 여러 가지 죄들을 인정하고 고백하고 반성할 수 있다. 결국, 우리는 그분께서 오시지 않았던 것처럼 살아간다. 단 하나의 진정한 죄, 모든 죄 중의 죄, 헤아릴 수 없는 슬픔, 이름뿐인 그리스도교의 비극이 바로 거기에 있다.

만약 그것을 똑똑히 인식한다면, 우리는 부활절이 실제로 감싸고 있는 현실이 무엇인지, 어째서 부활절은 대 사순절을 요구하고 그것을 전제하는지를 이해할 수 있게 된다. 왜냐하면 우리는 그렇게 해서 교회의 여러 전통들, 모든 절기와 전례 의식들이 무엇보다도 우리가 그렇게도 쉽게 잃어버리고 배반하는 이 새 생명을 다시 한번 보고 맛볼 수 있도록 회복시켜 주기 위한 것임을 이해할 수 있기 때문이다. 그럴 때, 우리는 참회할 수 있고, 이 새 생명으로 되돌아 갈 수 있게 될 것이다. 우리가 알지 못하는 어떤 것을 어떻게 사랑하고 바랄 수 있겠는가? 우리가 보지 못하고 맛보지 못한 어떤 것을 어떻게 우리의 삶 속의 모든 것들 위에 위치시킬 수 있겠는가? 간단히 말해, 우리가 그것에 대해 어떤 생각도 가지고 있지 못하다면, 우리가 어떻게 하느님 나라를 추구할 수 있겠는가? 하느님 나라의 새 생명으로 우리를 인도하고 그것에 참여할 수 있게 해주는 것은 그리스도교 초기나 오늘날이나 마찬가지로 교회의 전례이다. 바로 이 전례의 삶을 통해서 교회는 우리에게 "눈으로 본 적이 없고 귀로 들은 적이 없으며 아무도 상상조차 하지 못했지만, 하느님께서는 당신을 사랑하는 사람들을 위하여 마련해 주신"(고린토I 2장9절) 어떤 것에 대해 무언가를 계시해준다. 그리고 이 전례의 삶 중심에 만물을 비추어 주는 태양처럼 전례적 삶의 심장이요 절정인 부활절이 위치한다. 그것은 해마다 그리스도의 찬란한 나라로 우리를 초대하는 열려진 문이요, 우리가 대망하는 영원한 기쁨을 미리 맛보는 것이요, 비록 보이지는 않지만 이미 모든 창조 세계를 가득 채운 승리의 영광이다. "죽음은 더 이상 존재하지 않는다!" 교회의 모든 전례는 부활절을 중심으로 해서 배열되고, 그렇게 해서 연중 전례, 다시 말해 연이어지는 절기들과 축제들은, "시작"이자 동시에 "끝"인 이 부활절을 향한 여행이요, 순례가 된다. 그것은 낡은 것들의 끝이요 새 생명의 시작이며, "이 세상"으로부터 그리스도 안에서 이미 계시된 하느님 나라로의 건너감이다.

그럼에도 불구하고, "낡은" 삶, 죄의 삶, 비속한 삶은 쉽게 정복되거나 변화되지 않는다. 복음은 사람에게서 분투를 기대하고 또 요구한다. 당장 현재로서는 가능하지 않은 것처럼 보이지만 말이다. 우리는 하나의 목표 앞에, 우리의 가능성을 초월하는 어떤 삶의 양식 앞에 서 있다. 사도들조차 주님의 가르침을 듣고 좌절해서 이렇게 질문했다. "그것이 어떻게 가능합니까? 어떻게 일상적 관심사와 물질적 부, 안전, 향락과 같은 저속한 이상을 추구하는 삶을 내던져 버리고, '하늘에 계신 너희 아버지께서 완전하신 것처럼 너희도 완전하여라'라고 말할 때의 이 완전을 목표로 삼는 하나의 진정한 이상적 삶을 위해 헌신할 수 있단 말입니까?" 하고 말이다. 이 세상은 모든 매체 수단을 동원해서 "행복하여라. 결코 그렇게 하지 말라. 넓은 길을 택하라"라고 말한다. 그러나 그리스도께서는 복음경에서 분명 말씀하시지 않는가! "매 맞고 고통 받는 좁은 길을 택하라. 왜냐하면 그것이 진정한 행복의 유일한 길이기 때문이다." 교회의 도움 없이 우리가 어떻게 이 최악(?)을 선택할 수 있으며,

어떻게 참회할 수 있으며, 또 어떻게 매년 부활절에 우리에게 주어지는 영광스러운 약속에로 되돌아 갈 수 있겠는가? 바로 이 지점에서 대 사순절이 개입된다. 그것은 교회가 우리에게 제공하는 도움의 손길이다. 그것은 먹고 마시고 긴장을 풀어도 좋다는 단순한 허용이 아니라, 진정으로 우리 안에 있는 "낡은 것"의 끝이요 "새로운 것"으로의 진입으로 부활절을 맞이할 수 있게 해주는 참된 참회의 학교이다.

초대 교회에서, 대 사순절의 주된 목표는 세례예비자들[4], 다시 말해 새롭게 개종한 그리스도인들을 세례에 준비시키는 것이었고, 이 당시 세례는 부활절 전례 중에 행해졌다. 그러나 교회에서 성인成人들에 대한 세례가 더 이상 존재하지 않고, 그래서 세례예비자 교육 제도가 사라진다 해도, 역시 대 사순절의 이 근본적인 의미는 여전히 사라지지 않고 남을 것이다. 왜냐하면, 비록 우리가 세례를 받았다할지라도, 우리가 잃어버리고 끊임없이 배반하는 것은 정확히 세례 받을 때 우리가 받은 어떤 것이기 때문이다. 그래서 부활절은 해마다 우리를 이 세례에로 되돌아가게 하는 것이고, 반면 대 사순절은 이 되돌아감을 위한 준비이고, 그리스도 안의 새 생명을 향한 우리 자신의 통과 혹은 부활(빠스까)을 최종적으로 완성하려는 지난하고 끈질긴 노력이다. 앞으로 살펴보겠지만, 대 사순절 전례가 오늘날도 여전히 세례예비자 교육과 세례의 특징을 보존하고 있다할 때, 그것은 과거의 유물적 잔재로서가 아니라 우리에

---

[4] 대사순절과 세례예비자의 관계에 대해서는 다음을 참고하라. P. de Puniet, "Catéchumenat," *Dict. Arch. Lit. Chrét.* II, 2, col. 2579-2621; J. Daniélou, *The Bible and the Liturgy* (Univ. of Notre Dame Press, 1956); L. Bouyer, "Le Carême, initiation pascale," *Maison Dieu*, 31 (Paris: 1952).

게 가치 있고 본질적인 어떤 것으로서 그러하다. 왜냐하면, 해마다 대 사순절과 부활절은 죽음과 부활을 통한 건너감으로서의 세례식이 우리 안에서 만들어 내었던 것, 바로 그것을 우리로 하여금 다시 한번 발견하고 덧입게 해주기 때문이다.

  이 여행, 이 순례를 시작할 때, 우리는 대 사순절의 "기쁨어린 슬픔" 안에서 첫 걸음을 내딛는 순간 벌써 멀리서나마 그 종착점을 알아차린다. 그것은 바로 부활절의 기쁨, 하느님 나라의 영광 안으로 들어감이다. 이 희망찬 바라봄, 부활에 대한 이 미리 맛봄이야말로 대 사순절의 슬픔을 환희로 만들어 주고, 대 사순절의 우리의 노고를 "영적인 봄(春)"으로 만들어 준다. 밤은 어둡고 오랫동안 지속될 수도 있다. 그러나 긴 여정 끝에 신비스럽게 빛나는 새벽이 수평선에 점으로 드러난다. "우리의 기다림을 실망시키지 마세요. 오! 사람의 친구여!"

I

뜨리오디온[5] : 대 사순절 준비기간

---

[5] 역자 주) "세 마디" 혹은 "세 묶음"이라고 풀이할 수 있는 그리스 말 '뜨리오디온'은 정교회의 전례에서 두 가지를 가리킨다. 첫째는 사순절에 앞서는 3주간의 사순절 준비기간이다. 둘째는 뜨리오디온 기간과 사순절, 그리고 성 대 주간에 사용되는 전례예식서이다. 특별히 이 『사순절 전례예식서』를 『뜨리오디온』이라 부르는 이유는 평상시의 조과에서 불리는 까논이 보통 아홉 개의 오디(물론 실제로는 제2오디가 빠진 여덟 개의 오디이고, 성 대 주간의 특별 까논에서만 2오디를 포함하여 아홉 개의 오디를 모두 갖춘 까논이 불린다)로 구성되는 것과 달리 이 기간에 불리는 조과 까논은 단 세 개의 오디로만 구성되기 때문이다. 그런 의미에서 사순절 준비기간인 고유한 의미에서의 뜨리오디온 기간을 비롯하여 부활절 준비기간인 사순절과 성 대 주간을 다 합하여 뜨리오디온 기간이라고 부르기도 한다. 세 개의 오디로 구성된 『뜨리오디온』의 사순절 조과 까논은 『8조 예식서』 및 『월별 예식서』의 또 다른 조과 까논과 결합되어 함께 불린다.

갈망 : 자캐오의 주일

대 사순절 시작 이전에 교회는 대 사순절이 다가옴을 알리기 위해 우리로 하여금 '대 사순절을 준비하는 또 하나의 기간'에 들어서도록 초대한다. 부활절, 성탄절, 대 사순절 등과 같이 각각의 대 축일이나 전례 기간들이 미리 선언되고 준비되는 것은 정교회 전례 전통의 특징적인 모습이다. 무엇 때문일까? 그 이유는 교회가 인간의 본질에 대한 깊은 심리학적 이해를 가지고 있기 때문이다. 우리의 집중력 부재와 우리 삶의 놀랄만한 '세속성'을 잘 알기에, 교회는 우리가 하나의 영적 혹은 정신적 상태에서 다른 상태로 급격하게 변화되고 넘어갈 수 없다는 사실을 너무도 잘 알고 있다. 그래서 대 사순절에 필요한 분투를 시작하기에 앞서 교회는 우리의 주의를 이 기간의 중요성에 주목하도록 이끌어주고 그것의 의미를 묵상하도록 초대한다. 대 사순절의 실천에 앞서서 그것의 의미가 먼저 우리에게 주어진다.

이 준비는 대 사순절에 앞서는 연속되는 다섯 번의 주일을 포함한다. 그리고 각 주간은 각각 고유한 복음경 이야기와 함께 참회에 관한 하나의 근본적인 차원을 드러내는 데 집중된다.

대 사순절에 대한 첫 번째 알림은 복음경의 자캐오 본문(루가 19장1-10절)이 읽히는 주일에 이루어진다. 그것은 너무 키가 작아서 예수님을 볼 수 없었지만 너무나도 그분을 보고 싶어서 나무 위로 기어 올라간 한 사람에 대한 이야기이다. 그래서 이 첫 번째 알림의 주제는 바로 갈망이다. 사람은 갈망을 따르기 마련이다. 우리는 심지어 "사람은 갈망이다"라고 말할 수 있다. 그리고 인간 본성의 이 근본적인 심리학적 진실은 복음경의 다음과 같은 그리스도의 말씀에 의해서 확증된다. "너희의 재물이 있는 곳에 너희의 마음이 있다."(마태오 6장 21절, 루가 12장 34절) 강렬한 갈망은 인간의 자연적인 제한들을 이긴다. 무언가 정열적으로 원할 때 사람은 평소에는 불가능했던 어떤 행동을 할 수 있게 된다. 비록 자캐오는 키가 작았지만, 그는 자기 자신을 뛰어 넘고 초월한다. 그러므로 문제는 우리가 원하는 것이 정말 진정한 보물인가, 우리의 갈망의 능력이 바른 목표를 향하고 있는가, 혹은 무신론적 실존주의자 싸르트르가 말한 바와 같이 사람은 진정 "무익한 열정"일 뿐인가를 바로 아는 것이다.

자캐오는 '올바른 것'을 갈망했다. 그는 그리스도를 보길 원했고, 그에게 다가가기를 원했다. 그는 참회의 첫 번째 상징이다. 왜냐하면 참회는 모든 갈망의 심오한 본질을 새롭게 발견하는 것으로부터 시작하기 때문이다. 그리고 그것은 바로 하느님과 그의 정의에 대한 갈망, 참된 생명에 대한 갈망이다. 자캐오는 '작았다.' 다시 말해 그는 비열하고 죄인이며 자기 세계에 깊이 있는 사람이었다. 그럼에도 불구하고 그의 갈망은 이 모든 것들을 능가한다. 그는 그리스도께서 자신에게 눈길을 주지 않으실 수 없도록 만들었고, 그래서 그분을 자신 집으로 모신다.

첫 번째 알림, 첫 번째 초대는 이와 같다. 우리는 우리 안에 있는 가장 깊고 참된 것을 갈망할 필요가 있다. 그리고 우리가 그것을 알든 모르든 간에, 우리 안에는 절대자에 대한 갈증과 굶주림이 있다는 것, 그리고 우리가 그로부터 돌아서서 다른 것을 갈망할 때, 우리는 정말 "무익한 열정"이 되어 버린다는 것을 인정할 필요가 있다. 그리고 그리스도께서는 우리의 갈망의 깊고 강함에 따라, 그것에 응답하실 것이다.

겸손 : 세리와 바리사이파 사람의 주일

그 다음 주일은 '세리와 바리사이파 사람 주일'이라 불린다. 이 주일 전날 저녁 기도예식, 즉 토요일 만과에서, 대 사순절 전례서인 『뜨리오디온』[6]이 처음으로 사용되고, 이 전례서의 본문들은 『8조 예식서』[7]의 주일 성가들과 기도들에 추가되어 불려진다.

이 본문들은 참회에 있어서 두 번째로 중요한 측면인 '겸손'을 드러낸다.

복음경 봉독 본문(루가 18장10-14절)은, 항상 자기 자신에 만족하고 모든 종교적 의무를 다한다고 자처하는 한 사람을 묘사한다. 그러나 실제

---

6) 뜨리오디온에 관해서는 다음을 보라. I. Karabinov, *Postnaia Triod* (대 사순절 뜨리오디온), 러시아어 (St. Petersburg: 1910). 더 깊은 연구를 위해서는 다음을 참고하라. K. Krumbacher, *Geschichte der Byzantinischen Litteratur*, II (Munich: 1897).

7) 역자주)『8조 예식서』: 그리스어로는『옥또이꼬스』라고 하며, 그 뜻은 '8음조'이다. 이 예식서는 8주간 동안 매주 영적 분위기를 달리하는 여덟 개의 음조에 따라 불리는 주일과 평일의 성가들과 기도들을 모아 놓은 예식서이다. 그러므로 이 예식서는 8주간을 주기로 히어, 연중 쉬지 잃끄, 내일 내일의 예식에서 사용되는 가장 기본적인 예식서이다. 그리고 이 예식서에 덧붙여, 절기에 따라, 연중 축일 전례서인『월별 예식서(미네온)』나,『사순절 예식서(뜨리오디온)』혹은『오순절 예식서(뻰디꼬스따리온)』등이 추가되어 매일 매일의 예식들이 구성된다.

로 그는 종교의 의미를 왜곡시킨다. 그는 종교를 외적으로 드러나는 실천들로 축소시켜 버린다. 그는 자신의 경건함을 성전에 바치는 헌금액수로 평가한다. 반면 세리는 자신을 불쌍히 여기고, 이 겸손은 하느님 앞에서 그를 의롭게 만든다. 만약 우리가 거의 행하지 않고 매순간 내던져 버리는 도덕적 영적 덕목이 있다면, 그것은 바로 겸손일 것이다. 우리가 살아가는 문화는 끊임없이 우리 안에 교만의 감정, 자기 의義의 감정, 자기 영광의 감정들을 주입한다. 그것은 사람은 자기 자신의 힘으로 모든 것을 실현할 수 있다는 교만에 기초해 있다. 그리고 이 교만은 하느님을 마치 인간의 자기실현과 선한 행동들을 실현시킬 수 있도록 '보증해주는' 존재로 여기게 만든다. 겸손은 개인적이건 공동체적이건, 종족적 혹은 민족적이건 간에 나약함의 표시처럼 여겨지고, 자기 자신을 존중하는 태도와는 양립할 수 없는 어떤 것으로 간주된다. 우리의 교회들 또한 이 바리사이파적인 정신에 의해 오염되지는 않았는가? 우리들 또한 교회를 위해서 우리가 행한 모든 공헌, 모든 선한 행동들, 그 밖의 모든 것들이 인정받고 칭송받고 공개되기를 원하지는 않는가?

그렇다면 겸손이란 과연 무엇인가? 이 질문에 대한 대답은 역설적으로 들릴 수 있다. 왜냐하면 그것은 "하느님 자신이 겸손하시다"라는 놀라운 주장에 기초하기 때문이다. 하지만 하느님을 알고 그분의 창조와 구원의 행동들 안에서 그분을 관상하는 사람들에게는, 겸손이 진정으로 신적인 특징을 가지는 것이며, 그것은 성찬 감사 전례가 노래하듯이 하늘과 땅을 가득 채우는 하느님 영광의 내용과 광채 그 자체라는 것 또한 명백하다.

인간적 사고방식 안에서는, 우리는 '겸손'을 결핍이나 실패를 드러내 주는 표시로 받아들임으로써 '영광'과 '겸손'을 대립시키는 경향이 있다. 우리의 눈에는 우리의 무지 혹은 무능력만이 우리를 겸손하게 만든다. 그러나 온갖 선전과 자기 긍정과 끝없는 자랑으로 양육된 현대인에게는 받아들일 수 없는 것이지만, 진정으로 완전하고 아름답고 선한 것은 동시에 자연스럽게도 겸손한 것일 수밖에 없다. 왜냐하면 완전은 바로 그 완전성 때문에 선전이나 외적 영광이나 어떤 종류의 자기 과시도 필요 없기 때문이다. 하느님은 겸손하시다. 왜냐하면 그분은 완전하시기 때문이다. 그분의 겸손은 바로 그분의 영광이요 모든 진정한 아름다움과 완전과 선의 원천이다. 그래서 하느님께로 나아가는 사람은 누구나 그것을 알게 되고 따라서 즉각적으로 신적인 겸손에 참여하게 되며 그 아름다움을 덧입게 된다. 그리스도의 어머니이신 마리아께서 바로 그러하셨다. 그녀의 겸손은 그녀로 하여금 모든 창조세계의 기쁨이요 지상 위에서 아름다움의 가장 완전한 계시가 되게 하였다. 모든 성인들은 물론이요, 비록 자주 그렇지는 않을 지라도 모든 사람이 하느님과의 만남을 경험하는 순간 또한 그러하다.

그러면 어떻게 하면 겸손할 수 있는가? 그리스도인에게 그것은 너무도 간단하다. 그것은 신적 겸손의 육화이신 그리스도, 즉 하느님께서 단번에 만인을 위해서 자신의 영광을 겸손으로, 자신의 겸손을 영광으로 계시하신 그리스도를 바라보는 것이다. 그리스도께서 겸손의 절정을 보여주신 지녁에 "이제 사람의 아들이 영광을 받게 되었고 또 사람의 아들로 말미암아 하느님께서도 영광을 받으시게 되었다"(요한 13장 31절)고 말씀하신 것처럼 말이다. 또 그것은 "나는 마음이 온유하고 겸손하니 내 멍에를 메고 나에게 배워라. 그러면 너희의 영혼이 안식을 얻을 것이다"(마태오 11장29절)고 말씀하시는 그리스도를 관상함으로써 도달할 수 있다. 마지막으로 그것은 모든 것을 그리스도를 따라 가늠하고 모든 것에 있어서 그분의 뜻을 따르는 것이다. 왜냐하면 그리스도 없이 참된 겸손은 불가능하기 때문이다. 바리사이파 사람에게는 종교조차도 인간 스스로의 힘으로 이루는 자기실현이라는 교만의 계기가 된다. 스스로 영광되다 자처하는 것이야말로 바리사이파적 방식이라 할 것이다.

대 사순절 기간은 참된 참회의 시작인 겸손을 구하는 기도로부터 시작한다. 왜냐하면 참회는 무엇보다도 만물의 참된 질서로의 되돌아감이요, 바른 관점의 회복이기 때문이다. 그것은 겸손에 뿌리를 두고 있으며, 신적이고 아름다운 겸손은 이 참회의 열매요 목적이다. "바리사이파 사람의 교만에서 떠나 세리의 겸손한 탄식을 따름으로써 구세주를 향해 외칠지어다. 죄 많은 저에게 자비를 베푸소서."라고 이 날의 시기송 Kontakion[8]은 우리에게 외친다. 우리는 참회의 문턱에 있다. 주일 전야 철야예배[9]의 가장 엄숙한 순간 우리는 복음경을 읽은 후 "그리스도의 부활을 본 후에 … 주의 부활을 찬송할지니 우리를 위해 십자가를 지심으로써 죽음으로 죽음을 멸하셨음이로다"라고 그리스도의 부활을 선언한 다음에 처음으로 대 사순절 내내 우리와 함께하게 될 '참회의 뜨로

---

8) 역자 주) 요일에 따라 혹은 대 축일 전후 일정 기간에 걸쳐 부르게 되어있는 특별 찬양송.
9) 역자 주) 철야예배(Vigil, ἀγρυπνία)는 주일과 대 축일 전야에 밤새도록 이어지는 예배로, 보통 만과와 조과 그리고 1시과, 혹은 석후대과와 조과 그리고 1시과로 구성된다. 하지만 엄격하지 않은 수도원이나 지역 성당에서는 토요일 저녁에 앞당겨 드려지는 것이 보통이다.

빠리온' 을 노래한다.

생명을 주시는 이여,
나에게 참회의 문을 열어 주소서.
새벽부터, 내 영은
죄로 너무 더러워진 내 몸의 성전을 짊어진 채
당신의 거룩한 성전으로 향하나이다!
당신의 무한한 선하심으로
당신의 부드러운 긍휼로 나를 깨끗하게 하소서.

오, 성모님이시여!
나에게 구원의 길을 평탄케 해주소서.
내 인생을 게으름에 내맡겨
내 영혼을 수치스런 죄들로 더럽혔나니,
당신의 중보로 나를 이 모든 불결함에서 깨끗하게 하소서.

오, 불쌍한 존재여,
내 악한 행동이 헤아릴 수 없이 많음을 생각할 때,
나는 심판의 두려운 날이 생각나
공포에 질리나이다.
그러나 당신의 자비로우심과 선하심을 믿고
다윗처럼 당신께 부르짖나이다.

오, 하느님이시여!
당신의 무한하신 긍휼로
나를 불쌍히 여기소서!

유배로부터 돌아옴 : 탕자의 주일

　대 사순절 준비의 세 번째 주일에 우리는 돌아온 탕자의 비유(루가 15장11-32절)를 듣는다. 이 날의 성가들을 통해서 우리는 이 비유를 반복하여 충분하게 회상하게 된다. 그에 따르면 참회의 시간은 마치 사람이 '유배에서 돌아오는 것'과 같이 우리에게 계시된다. 탕자는 먼 나라로 떠나서 가진 것을 다 탕진했다. '먼 나라'. 우리가 하느님을 향해서 걸어갈 때, 우리가 수용해야 하고 마땅히 우리의 것으로 삼아야할 인간적 조건에 대한 유일한 정의가 바로 이것이다. 순간이나마 이것을 경험하지 못한 사람, 하느님과 참된 생명으로부터 유배되었음을 깨닫지 못하는 사람은 그리스도교가 무엇인지 결코 이해할 수 없을 것이다. 이 세상에, 이 세상의 삶 속에 완벽한 '자기 집'을 가지고 있는 사람, 또 다른 하나의 현실을 바라보며 향수어린 희망으로 상처받아 보지 못한 사람은 참회가 무엇인지 결코 이해할 수 없을 것이다.

　종종 참회는 죄와 범법 사실들에 대한 냉정하고도 객관적인 열거나 법적 고발 앞에서 죄책을 자백하는 것과 동일시되곤 한다. 또 고백과 사죄는 법률적 본성을 가지는 행위들로 여겨지곤 한다. 그러나 우리는 그것 없이는 고백이나 사죄가 그 어떤 실제적인 의미나 능력도 가질 수 없게 만드는 하나의 본질적인 요소를 무시하고 있다. 그것은 바로 하느님으로부터, 하느님과 교제하는 기쁨으로부터, 하느님께서 주시고 창조하신 참된 생명으로부터 유배되었다는 감정이다. 지정된 날에 금식하지 않았다고, 혹은 기도하는 것을 잊었다고, 혹은 화를 냈다고 고백하는 것은 너무도 쉽다. 하지만 내가 영적인 아름다움을 더럽혔고 잃어버렸다는 것, 내가 나의 진정한 거처, 나의 참 삶으로부터 너무 멀리 떨어져 있다는 것, 내 인생의 여정 안에서 참으로 값지고 순결한 어떤 것이 치유할 수 없을 만큼 깨어져 버렸다는 것을 단 한 순간이라도 진정으로 깨닫는 것은 전혀 다른 것이다. 이것이 아니 이것만이 진정한 참회이며, 그래서 참회는 우리가 떠났던 곳을 향해 돌아서는 것이요, 그것을 향해 되돌아가는 것이요, 잃어버린 '집'을 되찾고자 하는 것이다.

나는 하느님으로부터 놀라운 부를 받았다. 우선 생명을 받았고, 그것을 누리고 의미 있게 하고 사랑과 지식으로 가득 채울 능력을 받았다. 이어서, 세례를 통해서 그리스도의 새 생명과 성령의 은사와 영원한 하느님 나라의 평화와 기쁨을 받았다. 나는 하느님 지식을 얻었고, 그 안에서 만물에 대한 진정한 지식을 획득했으며, 하느님의 자녀가 될 권세를 받았다. 그러나 이 모든 것을 나는 잃어버렸다. 특별한 '범법 행위들'과 '죄악들' 때문에, 특별히 '죄악 중의 죄악' 다시 말해 하느님을 등지고 그분을 더 이상 사랑하려 하지 않는 죄 때문에, 또 아버지 집의 아름다움보다 '먼 나라'를 더 선호하기 때문에, 나는 끊임없이 이 모든 것을 잃어버린다.

그러나 내가 팽개치고 잃어버린 것이 무엇인지 나에게 상기시켜 주기 위해 교회가 있다. 그리고 교회는 나에게 그것을 상기시켜 주고, 나는 이 탕자의 주일 시기송(콘다키온)이 구슬프게 노래하듯 나의 신세를 기억해 낸다.

미련하게도 아버지의 영광에서 뛰쳐나가
당신께서 주신 재물을 악에 뿌렸나니
나도 탕자처럼 주님께 외치나이다.
인자하신 아버지여
아버지 앞에 죄지은 내가 회개하오니 받아주소서.

이것을 기억하는 한, 나는 내 안에서 돌아갈 욕구와 힘을 발견한다.

나는 일어나서 돌아가려네.
인정 많으신 아버지께로.
그리고 눈물로 그분께 호소하려네.
'당신의 종들 중 하나처럼 나를 받아주소서!' 라고.

여기서 '탕자의 주일' 전례예식의 한 가지 특징에 주목할 필요가 있다. 뽈리엘레오스Polyeleos[10]의 장엄하고도 환희에 찬 시편 찬송 후에 이어지는 주일 조과에서 우리는 슬프고도 향수어린 시편 137편을 노래한다.

바빌론 기슭,
거기에 앉아 시온을 생각하며
눈물 흘렸다. …

우리 어찌
남의 나라 낯선 땅에서
주님의 노래를 부르랴!

예루살렘아,
내가 너를 잊는다면,
내 오른손이 말라버릴 것이다.

네 생각
내 기억에서 잊혀진다면
내 만일
너보다 더 좋아하는 다른 것이 있다면
내 혀가 입천장에 붙을 것이다.

이것은 유배 시편이다. 유대인들은 바빌론에 유배되었을 때 그들의

---

10) 역자 주) '뽈리엘레오스'는 '여러 번의 자비'라는 그리스 말로, 이스라엘 백성에게 베푸신 '하느님의 자비와 사랑'을 노래하는 시편 135편과 136편을 지칭한다. 그리스어로 된 칠십인역의 이 시편에서 '자비'를 의미하는 'ἔλεος' (엘레오스)라는 단어가 후렴으로 반복되어 불리기에 이렇게 불리는 것이다. '대자비 시편' 쯤으로 번역될 수 있는 '뽈리엘레오스'는 연중 대(大)축일과 9월 22일부터 12월 20일까지, 그리고 1월 14일에서 금육주일까지의 조과예식에서 불리거나 읽힌다.

거룩한 성읍 예루살렘을 생각하며 이 시편을 노래했다. 그 후로 이 시편은 하느님으로부터 자신이 유배되었음을 깨닫는 사람들의 노래가 되었다. 그렇게 함으로써, 그는 다시 한번 이 타락한 세상의 그 어떤 것에서도 만족을 얻지 못하는 사람이 된다. 왜냐하면, 본질로 보나 소명으로 보나, 그는 절대자를 향한 순례자이기 때문이다. 이 시편은 대 사순절 직전 두 주일에 걸쳐 두 번 더 불릴 것이다. 이렇게 해서 대 사순절은 순례요 참회요 되돌아감으로 드러난다.

마지막 심판 : 금육 주일

이어지는 주일은 '금육 주일'로 불린다. 왜냐하면 돌아오는 일주일 동안 제한적 금식, 즉 육식을 삼갈 것을 교회가 권면하기 때문이다.[11] 이 권면은 준비의 의미에 대해 위에서 말한 것들에 비추어서 이해되어야 한다. 지금 교회는 앞으로 7일 후부터 있을 처절한 싸움을 위해 우리를 미리 조절해 준다. 교회는 우리의 연약함을 알고 우리의 영적 허약성을 짐작하고 있기 때문에 점진적으로 우리들을 이 투쟁으로 인도한다.

이 금육주일 전날은 특별히 '영혼 토요일'[12]로서, 교회는 "부활과 영원한 생명의 희망을 안고 잠든 모든 이들"을 위한 보편적인 추념기도로 우리를 초대한다. 이 날은 이미 사망한 성도들을 추념하는 교회의 대大 기도일이다. 대 사순절과 죽은 자들을 위한 기도 사이에 무슨 관계가 있

---

11) 역자 주) 그래서 사순절이 시작되기 전, 금육주일 다음 월요일부터 유식주일까지의 이 일주간을 '유식(乳食, 띠로파기아) 주간', 즉 고기는 금하되 대신 유가공 식품은 먹을 수 있는 기간이다. 물론 사순절이 시작되면, 고기뿐만 아니라 모든 유가공 식품과 식물성 기름까지도 먹지 않는다. 그러므로 이 유식기간은 엄격한 금식에 들어가기에 앞서 미리 이 금식을 예고하고 그러한 금식에 적응하기 위해 마련된 준비기간의 성격을 지닌다.
12) 역자 주) 정교회는 금육주일 직전 토요일뿐만 아니라 성령강림축일(오순절) 직전 토요일과 살로니키의 성 디미트리오스 축일 전 토요일, 그리고 대 사순절 둘째, 셋째, 넷째 토요일을 모든 죽은 이들을 위한 추념기도의 날로 삼는다.

는지를 이해하기 위해서는, 그리스도교가 사랑의 종교라는 것을 기억해야 한다. 그리스도께서는 제자들에게 개인 구원에 관한 교리를 남기신 것이 아니라 새로운 계명을 남겨주셨다. 서로 사랑하라는 계명. 그리고 이렇게 덧붙이셨다. "너희가 서로 사랑하면 세상 사람들이 그것을 보고 너희가 내 제자라는 것을 알게 될 것이다."(요한 13장35절) 사랑은 이렇게 교회의 토대이며 교회의 삶 그 자체이다. 안디오키아의 이그나티오스 성인이 교회는 "신앙과 사랑으로 하나 되는 것"이라고 말했던 것처럼 말이다.

그러므로 죄는 언제나 사랑 없음이다. 그로부터 분열, 고립, 만인의 만인에 대한 투쟁이 나온다. 그리스도에 의해 주어지고 교회가 우리에게 전해준 새 삶은 무엇보다도 먼저 화해의 삶이며, 흩어졌던 사람들이 하나가 되어 다시 모이는 삶이고, 죄로 인해 깨어졌던 사랑의 회복이다. 만약 우리가 먼저 우리 안에서 이 유일하고도 새로운 사랑의 계명으로 돌아오지 않는다면, 어떻게 우리가 하느님께로 되돌아갈 수 있을 것이며, 어떻게 그분과의 화해를 시작할 수 있겠는가? 죽은 자들을 위한 기도는 사랑으로서의 교회를 진정으로 표현하고 있다. 우리는 하느님께 그들을 기억해 달라고 빈다. 그들을 사랑하기 때문이다. 그들을 위해 기도함으로써, 우리는 그들을, 사랑 그 자체이시고 또 사랑이시기에 고립과 분열의 마지막 보루인 죽음마저 정복해 버리신 그리스도 안에서 만난다.

그리스도 안에는 산 자와 죽은 자가 따로 없다. 왜냐하면 그분 안에서는 모두가 산 자이기 때문이다. 그분은 생명이시며 이 생명은 사람에게 빛이다. 그리스도를 사랑함으로써, 우리는 그분 안에 있는 모든 것을 사랑한다. 그분 안에 있는 모든 것을 사랑함으로써, 우리는 또한 그리스도를 사랑한다. 이것이 바로 교회의 법이요, 그래서 그것은 교회로 하여금 지극히 당연하게 죽은 자들을 위해 기도하도록 자극한다. 정말로 죽은 자들을 살아있게 하는 것은 그리스도 안에 있는 우리의 사랑이다. 왜냐하면 사랑이야말로 그들이 '그리스도 안에' 있도록 해주기 때문이다. 우리는 여기서 죽은 자들을 위한 기도를 '공덕'과 '보상'이라는 법적 교리로 축소시키거나 혹은 단순하게 그것을 무익한 것으로 내던져 버리는 서방 그리스도인들의 개념과 너무 멀리 떨어져 있음을 알게 된다. 영혼 토요일의 죽은 자들을 위한 철야예배는 대 사순절의 두 번째, 세 번째, 네 번째 토요일에 기념되는 '죽은 자들을 위한 추념기도'의 모델이 될 것이다.

금육 주일의 주제를 구성하는 것 또한 사랑이다. 이 날의 복음경 본문은 최후의 심판 비유(마태오 25장31-46절)이다. 그리스도께서 우리를 심판하러 오실 때, 그분은 무엇을 척도로 삼아 심판하실까? 복음경 비유는 '사랑'이라고 대답한다. 그것은 추상적 정의에 기초한 단순한 인도주의적 관심도, 익명의 가난한 자에 대한 관심도 아니다. 그것은 인간 인격, 즉 하느님께서 우리의 삶의 과정에서 만나게 하시는 모든 인간 존재에 대한 구체적이고도 인격적인 사랑이다. 이 구별은 매우 중요하다. 왜냐하면 오늘날 점점 더 많은 그리스도인들이 그리스도교적 사랑을 정치, 경제, 사회적 관심사들과 혼동하는 경향이 있기 때문이다. 달리 말하자면, 고유한 생애를 가지는 유일무이한 인격을 계급, 민족 등의 불특정 집단으로 대체해버리는 경향이 있기 때문이다. 이러한 관심사들이 잘못된 것이라고 말하는 것이 아니다. 각각의 인생 경력과 시민으로서의 혹은 직업적인 책임감 같은 것들 안에서, 그리스도인들은 정의롭고 공평하며 인간적인 사회를 건설하기 위해 애써야만 한다. 그것도 최선의 능력과 지혜를 가지고 그렇게 해야만 할 것이다. 이 모든 것이 그리스도교 안에 그 뿌리를 두고 있으며 그리스도교적 사랑에 의해 영감 받을 수 있다는 것은 명백하다. 그러나 그리스도교적 사랑 그 자체는 다른 어떤 것이다. 만약 교회가 자신의 유일한 사명을 잘 보존하기를, 또 교회가 단순한 '사회적 대리자'가 되지 않기를 진정 원한다면 - 더욱이 교회는 단연코 그런 것일 수 있다 - 이 구별을 바르게 이해하고 유지하지 않으면 안 된다.

그리스도교적 사랑은, 그 대상이 누구이든 또 단지 잠시 동안이라 해도, 하느님께서 그분의 신비스럽고 영원한 섭리 안에서 내 인생 안에 개입시키기로 결정하신 사람 안에서, 달리 말해 나에게 어떤 '선행'이나 인간애를 실천할 기회요 대상으로서가 아니라 하느님 안에서의 영원한 우정이 개시되게 하시려고 내 인생에 끌어들인 각각의 사람들에게서 그리스도를 보려는 "불가능한 가능성"이다. 만약 '타자' 안에서, 그의 외모, 사회적 지위, 인종, 지적인 자질과 같은 우연적이고 외적인 것들을 초월해서 한 인간 존재의 유일하고도 인격적인 뿌리, 다시 말해 그의 내부에 하느님의 몫으로 존재하는 그 영혼에 다다르도록 해주는 신비한 능력이 아니라면, 사랑이 도대체 무엇이란 말인가? 하느님께서 모든 사람을 사랑하시는 이유는 그분 자신이 각각의 사람들에게 주신, 값을 매길 수 없는 보물이요 절대적으로 유일한 '영혼' 혹은 '인격'을 그분만은 분명 아시기 때문이다. 그리스도교의 사랑은 그러므로 이 신적인 지식에의 참여이며, 이 신적인 사랑의 선물이다. '비인격적인' 사랑은 존재하지 않는다. 왜냐하면 사랑은, 각각의 사람들 안에서 사랑의 대상이 될 만한 것들과 하느님께로부터 온 것들에 대한 경이로운 발견이기 때문이다.

이러한 관점 안에서, 그리스도교적 사랑은 오늘날 종종 그리스도교 그 자체와 동일시되는 사회적 실천주의와 자주 반대된다. '사회적 실천가'에게는 사랑의 대상이 인격이 아니라 인류와 같은 추상적인 통일체로서의 인간이다. 그리스도교에 있어서, 인간이 사랑의 대상이 될 수 있는 이유는 바로 그가 한 인격이기 때문이다. 전자에서 인격은 인간으로 축소되어 버린다. 하지만 후자에서 인간은 인격으로서 유일무이한 방식으로 고려된다. 사회적 실천주의는 '인격적인 것'에 어떤 관심도 없으며, '공동선'을 위해 그것을 희생시켜 버린다. 그리스도교는 이 추상적인 '인류'와 관련해서는 오히려 회의적으로 보일 수 있다. 그리고 어떤 의미에서는 사실 그러하다. 그러나 그리스도교가 인격에 대한 염려와 사랑을 포기할 때마다 그것은 자기 자신을 향해서 중대한 죄를 범하는 것이다. 사회적 실천주의는 그 관점에 있어서 항상 '미래지향적'이다. 그것은 언제나 미래에 실현될 정의와 질서와 행복의 이름으로 행동한다. 그리스도교는 이 미래에 관해서는 별로 관심을 쏟지 않는 대신, 현재를 사랑의 결정적이고 유일한 시간으로 여기고 모든 중요성을 부여한다. 두 태도가 필연적으로 서로를 배제하는 것은 아니다. 그러나 이

둘을 혼동해서는 안 된다. 그리스도인들은 확실히 '이 세상'에 관해 책임성을 가지고 있고, 그 책임을 잘 수행해야만 한다. 그것은 사회적 실천의 영역이며, 이는 전적으로 이 세상에 속한다. 그것은 그 자체로 하느님 나라의 한 줄기 광채이며 하나의 발현이다. 그러나 하느님 나라는 이 세상의 모든 제한성과 조건들을 초월하고 능가한다. 왜냐하면 하느님 나라의 목적과 완성뿐만 아니라 그 동기도 하느님 안에 있기 때문이다. '악에 빠진' 이 세상에서 지속적인 변화를 실현시킬 수 있는 유일한 승리자는 바로 사랑이라는 것을 우리는 잘 안다. 인간에게 이 소명, 이 인격적 사랑을 깨닫게 해주는 것, 죄악으로 오염된 세상을 이 사랑으로 가득 채우는 것, 그것이 바로 교회의 진정한 사명이다.

마지막 심판의 비유는 그리스도교적 사랑을 다룬다. 우리 모두가 '인류'를 위해 일하도록 부름 받지는 않았다. 그러나 우리 각자는 그리스도의 사랑이라는 은사와 은총을 받았다. 우리는 모든 사람이 이 '인격적 사랑'을 너무나도 필요로 하고 있다는 것을 안다. 이 인격적 사랑은 아주 고유한 방식으로 창조 세계 전체의 아름다움을 반영하고 있는 그들의 유일한 영혼을 그들 안에서 재발견토록 해줄 것이기 때문이다. 사람들이 감옥에 갇히고, 배고픔에 허덕이고, 목마름에 지쳐있는 이유가 있다면, 그것은 바로 이 인격적 사랑이 그들에게는 거부되었기 때문임을 우리는 또한 안다. 마지막으로 우리는 비록 우리의 실존의 영역이 아무리 협소하고 제한적이라 할지라도 우리 각자는 하느님 나라의 한 작은 부분을 책임지고 있다는 것, 그리스도의 사랑이라는 은사를 통해서 책임지고 있다는 것을 안다. 우리는 이 책임성을 받아들였는가 아니면 거부하였는가? 이것에 따라 우리는 심판 받게 될 것이다. 왜냐하면 "너희가 여기 있는 형제 중에 가장 보잘것없는 사람 하나에게 해준 것이 바로 나에게 해준 것이다"(마태오 25장40절)라고 그리스도께서 말씀하시기 때문이다.

용서
: 유식(乳食, 띠로파기아) 주일, 용서 주일, 낙원에서의 추방 주일

　우리는 이제 대 사순절을 준비하는 막바지에 도달했다. '용서의 주일'에 앞서 있었던 금육 주간에, 이미 수요일과 금요일은 마치 대 사순절 기간에 속한 날처럼 따로 구별된다. 이 이틀 동안 우리는 성찬 전례를 행하지 않고 또 전례 의식들도 대 사순절에 해당하는 모양과 특징들을 가진다. 수요일 만과 때, 우리는 다음과 같은 찬송으로 대 사순절과 인사한다.

　금식의 봄이 떠올랐네,
　참회의 빛!
　형제들이여, 우리 모두 모든 흠을 씻어버리세
　그리고 빛을 주신 분께 찬송을 드리세 :
　오, 사람의 친구시여, 당신께 영광 드리나이다!

　이어서, 유식(乳食) 토요일에 교회는 "금식을 통해 조명의 은총을 받은 모든 성인 성녀들", 금식과 참회의 힘겨운 과업에 있어서 우리의 모범과 안내자가 되어주는 성인들을 기념한다. 우리가 앞으로 착수하게 될

싸움에서, 우리는 결코 혼자가 아니다 :

복된 교부들의 회중을 노래합시다,
대 안토니오스, 빛나는 에프티미오스,
각각을 특별하게, 또 모두를 함께.
마치 감미로운 낙원 같았던, 그들의 삶을
좇아가 봅시다.

그들 속에서 우리는 도움과 모범을 발견한다.

거룩한 교부들이시여!
우리는 당신들을 우리들의 모범으로 존경하나이다.
당신들은 우리에게 가르치셨나이다,
진정 바른 길로 걸어가는 법을.
그리스도를 위해 일하셨으니,
당신들은 복되시나이다.

드디어 대 사순절 준비 기간의 마지막 날이 온다. 이 날은 일반적으로는 '용서 주일'이라 불리지만, '낙원에서의 추방'이라는 또 다른 전례 이름을 가지고 있다는 것을 기억해야 한다. 이 호칭은 대 사순절 준비 전체를 요약해 준다. 우리는 이제 사람이 낙원에 살도록, 하느님을 알고 그분과 교제하도록 창조되었음을 알게 된다. 그러나 사람은 죄 때문에 이 복된 삶을 박탈당했고, 지상에서의 실존은 그 후로 유배 생활이 되었다. 구세주이신 그리스도께서는 자신을 따르는 사람이면 누구에게나 이 낙원의 문을 다시 열어주신다. 그리고 교회는 그 왕국의 아름다움을 보여줌으로써 우리의 삶이 하늘에 있는 고국을 향한 하나의 순례가 되도록 해준다. 이렇게, 대 사순절의 첫 문턱에 서있는 우리는 아담과 닮았다.

과실을 먹었기에.
아담은 낙원에서 추방되었네,
그 때문에 낙원 문 앞에 앉아
통곡하며 부르짖네.
나에게 불행이 찾아왔구나!
나는 단 한 가지
주님의 명령을 범했는데,
보십시오, 모든 부요함을 박탈당한 나를.
오 거룩한 낙원이여,
나를 위해 조성되었지만
이제는 이브의 잘못으로 내게 닫혀버렸구나.
너의 창조주께,
나의 창조주께 간청해다오,
다시 한번 내가
너의 꽃들로 뒤덮일 수 있도록!

✝세수께서 그에게 대답하신다.
나는 원치 않는다, 내 창조물이 썩어 없어지는 것을.

반대로 내 창조물이 구원받길 나는 원하니,
진리를 알지어다.
내게 오는 자를
나는 결코 밖으로 내쫓지 않을 것임을.

대 사순절은 죄의 노예 상태에서, '이 세상'이라는 감옥에서 우리가 해방되는 기간이다. 용서 주일의 복음경 본문(마태오 6장14-21절)은 이 해방의 조건들을 제시한다.

첫 번째는 금식이다. 그것은 우리의 타락한 본성이 가지고 있는 욕구와 충동을 정상적인 것으로 받아들이지 않겠다는 것을 의미한다. 그것은 또한 육체와 물질이 영靈 위에 군림하여 행사하는 절대통치를 뒤흔드는 것이다. 그럼에도 불구하고 그것이 효과를 발휘하려면 우리의 금식이 위선이나 과시가 되어서는 안 된다. 금식은 "사람이 아니라 하늘에 계신 우리의 아버지께 은밀히 알려지는 것"이어야 한다.

두 번째 조건은 용서이다. "너희가 남의 잘못을 용서하면 하늘에 계신 아버지께서도 너희를 용서하실 것이다."(마태오 6장14절) 죄가 승리하여 이 세상을 지배하고 있다는 가장 중요한 표시는 분열, 대립, 분리, 증오이다. 그러므로 죄의 요새 안에 첫 번째 돌파구를 만들어 내는 것은 용서이다. 다시 말해 일치와 연대와 사랑으로의 복귀이다. 용서하는 것, 그것은 나의 적과 나 사이에 기쁨으로 가득 찬 하느님의 용서를 가져오는 것이다. 용서하는 것, 그것은 우리들의 인간관계가 봉착한 절망스런 궁지로부터 벗어나는 것이고 그것들을 그리스도에게 위탁하는 것이다.

용서는 죄로 가득 차고 타락한 이 세상에서 하느님 나라를 향해 난 돌파구이다.

대 사순절은 실질적으로 이 주일 만과와 함께 시작된다. 심오하고 아름다운 이 특별한 기도 의식은 대부분의 교회에서 제대로 드려지지 않지만, 그럼에도 불구하고 그 어떤 것도 정교회 대 사순절의 분위기를 이보다 더 잘 보여주지 못하며, 그 어디에서도 대 사순절이 깊이 호소하는 바가 무엇인지를 이보다 더 잘 표현하지는 못한다.

기도 의식은 만과와 함께 다음과 같이 장엄하게 시작된다. 사제는 청명한 색깔로 장식된 전례복을 입는다. 시편 141편 찬양에 뒤따르는 스티히라 성가[13]는 "주님, 제가 당신을 부르나이다…"하면서 대 사순절이 왔다는 것과, 또한 대 사순절 저 너머에 부활절이 가까이 와 있음을 선언한다.

> 기쁨으로 금식 기간을 시작합시다.
> 영적 싸움에 전념합시다.
> 악으로부터 우리의 영혼을 지킵시다.
> 우리의 육체를 깨끗이 합시다.
> 음식뿐만 아니라
> 모든 욕망까지도 금식합시다,

---

[13] 역자 주) 시편 141편 구절(그리스 말로는 '스티호스') 사이사이에 응송으로 불려지는, 보통 저게는 여섯, 많게는 열 곡의 찬양송으로서, '구절 찬양송'이라 번역될 만하다. 이런 종류의 찬양송은 만과의 스티히라 말고도 조과의 아뽀스띠하 그리고 조과 마지막에 부르는 찬양시편(148,149,150편)에 대한 응송으로 불려지는 애니 성가들이 있다.

성령의 덕들이 우리의 진미가 되도록.
끈기와 사랑으로 그 덕들을 실천하면,
우리 모두가
경배 받아 마땅한 그리스도의 수난을 보게 될 것이고,
거룩한 부활의 날을
영적 기쁨 안에서 볼 수 있을 것입니다.

이어서 평소 만과 때와 마찬가지로 "거룩하시고 영원하신 하느님 아버지의 화사한 빛이신 예수 그리스도시여…"라는 저녁 성가와 함께 입당이 이루어진다. 집전자는 입당하여 지성소의 제단 뒤편에 서서 하루가 마무리되고 또 다른 하루가 시작됨을 알리는 저녁 쁘로끼메논[14]을 선언할 채비를 한다. 이 날의 대大 쁘로끼메논은 대 사순절의 시작을 알린다.

당신의 종에게서 당신 얼굴을 돌리지 마시옵소서.
내가 슬픔에 젖어 있나이다!
지체하지 마시고 내 기도 들으소서.
내 영혼을 돌보시고 구하소서.

(시편 69편 17절)

이 구절의 독특한 운율을 들어보라. 갑자기 성당을 가득 울리는 이 외

---

14) 역자 주) 쁘로끼메논은 사도경, 복음경, 구약 등의 봉독 전에 봉독자 혹은 보제에 의해 선창되고 이에 성가대가 응송으로 화답하는 짧은 시편 구절들이다.

침을. "내가 슬픔에 젖어 있나이다!" 그러면 당신은 절망과 희망, 어둠과 빛이 신비스럽게 교차하는 대 사순절의 이 출발점을 이해할 수 있게 될 것이다. 모든 준비 과정은 이제 그 종착점에 이르렀다. 나는 하느님 앞에, 하느님 나라의 영광과 아름다움 앞에 서있다. 나도 그 아름다움과 영광의 한 부분을 차지하고 있으며, 하여 내게는 다른 머물 곳, 다른 기쁨, 다른 목표가 있을 수 없음을 나는 알게 된다. 하지만 나는 또한 내가 그곳으로부터 쫓겨났으며, 죄의 어둠과 슬픔 속에 유배되었음도 알게 된다. "내가 슬픔에 젖어 있나이다!" 그리하여 마침내 오직 하느님만이 슬픔에 젖은 나를 도우실 수 있으며 오직 그분만이 "내 영혼을 돌보시고" 어루만져 주실 수 있음을 깨닫는다. 여기서 참회는 하느님의 구조를 바라는 절망에 빠져있는 자의 호소로 드러난다.

우리는 이 쁘로끼메논을 다섯 번이나 반복해서 외친다. 이어서 대 사순절을 시작한다. 밝은 색의 예복들은 따로 정리되어 보관되고 불빛은 꺼진다. 사제가 저녁 기원 연도를 드릴 때 성가대는 대 사순절의 음조로 응송한다. 처음으로 참회의 절기도(메타니아)를 하면서 '에프렘 성인의 대 사순절 기도'를 드린다. 기도 예식 마지막 부분에, 모든 신자들은 사제에게 다가가 용서를 빌고 이어서 신자들끼리 한 사람 한 사람 껴안으며 용서를 청한다. 신자들이 이 화해의 예식을 실행하고, 그리하여 사랑과 일치와 우정의 몸짓으로 대 사순절을 개시하는 동안 성가대는 부활절 성가를 노래한다. 우리는 대 사순절의 광야에서 40일간 유랑하게 될 것이다. 하지만 그 유랑의 끝에서 이미 부활의 빛이 비춰오고 있다. 하느님 나라의 빛이 우리를 비춰주고 있다.

II
대 사순절의 전례 기도

기쁨어린 슬픔

많은, 아니 대다수의 정교 그리스도인들에게 대 사순절은 몇 가지의 규칙과 형식적인 금기사항으로 이루어져 있다. 예를 들면 어떤 음식들, 무도회, 영화 등을 삼가라는 것이다. 하지만 이런 것들은 교회의 참된 정신과는 너무 동떨어진 것이어서, 대 사순절에는 뭔가 다른 것, 그것 없이는 이 모든 규칙과 금기들이 의미를 상실해 버리는 그 무엇이 있다는 것을 결코 이해할 수 없게 만든다. 이 '뭔가 다른 것'에 대해 우리가 말할 수 있는 최선의 표현은 마치 우리가 어떤 분위기 안으로, 어떤 환경 속으로 들어가게 된다는 느낌이리라. 그것은 무엇보다도 앞으로 7주간 동안 우리의 삶 전체를 흠뻑 적시게 될 정신과 영혼과 마음의 한 상태이다.

대 사순절의 목표는 결코 외적 강제 조항들을 우리들에게 부과하는 것이 아니라 우리의 마음이 영적 현실들에 개방될 수 있도록, 하느님과의 교제를 향한 아주 은밀한 배고픔과 목마름을 경험할 수 있도록 우리 마음을 부드럽게 만드는 것이라는 점을 다시 한번 되새기자.

이 분위기, 이 독특한 영적 상태는 주로 전례기도들을 통해서, 또 이 시기의 전례 생활 속에 도입된 다양한 변화들을 통해서 창조된다.[15] 만약 따로 따로 분리하여 생각하면, 이 다양한 변화들은 그저 이해되지 않는 전례 규칙이요 당연하게 준수해야 할 순전히 형식적인 요구사항으로만 비칠 것이다. 하지만 이를 전체로 바라보면 그것들은 우리로 하여금 대 사순절의 참된 메시지이며 은총인 이 '기쁨어린 슬픔'을 보고 경험하게 해준다. 『뜨리오디온』의 성가들을 지었고, 대 사순절 예식의 일반적인 구조들을 점차적으로 구축했으며, 미리 축성된 성찬예배에 이토록 놀랍고도 고유한 아름다움을 부여한 영적 교부들과 거룩한 저자들은 분명 인간 영혼에 대한 아주 독보적인 이해를 가졌었다고 우리는 과장됨 없이 말할 수 있을 것이다. 그들은 참으로 참회의 예술을 알고 있었고, 해마다 대 사순절이 되면, 이 참회의 예술을 들을 귀가 있고 볼 눈이 있는 자라면 누구라도 자기의 것으로 누릴 수 있도록 해주었다.

나는 이 예식들에 대한 일반적인 인상이 '기쁨어린 슬픔'이라고 말했다. 전례 생활에 대한 최소한의 지식이라도 갖추고 이 대 사순절의 예식들 중 어느 하나가 진행되는 동안 성당에 들어선 적이 있는 사람이라면 거의 즉각적으로 이 역설적인 표현을 이해할 수 있으리라고 나는 분명 확신한다. 한편으로는 예복들은 어두운 색을 띠며, 아주 고요한 슬픔이 예식들을 감싸고, 예식들도 평소보다 더 길고 단조롭다. 움직임이라곤 거의 없다. 봉독과 성가가 번갈아 울리지만 아무런 일도 일어나지 않는 것 같다. 거의 규칙적인 주기로 사제는 지성소에서 나와 언제나 동일한 짤막한 기도를 올리고 회중들은 이 연도의 각각의 간청마다 참회의 절

---

15) 대사순절 시기 전례적 특징들에 대한 보다 구체적인 묘사는 다음을 참고하라. C. Nikololty, *Posobie K Izucheniu Ustava Bogosluzhenia* (교회 전례지침서), 러시아어, 7th ed. (St. Petersburg: 1907), 그리고 S. V. Bulgakov, *Nastolnaia Kniga dlia Sviashenno-Tzerkovnych Slushiteley* (성직자 지침서), 러시아어 (Kharkov: 1900), pp. 487-530.

을 올리며 응송한다. 이렇게 오랫동안 우리는 이 단조로움 속에, 이 고요한 슬픔 속에 그저 똑바로 서서 머물러 있다.

하지만 바로 그렇게 함으로써 우리는 이 지루함과 단조로움이 이 예식이 우리 안에서 만들어 내는 알듯 모를 듯 한 은밀한 '행동'을 경험하는데 필수적이라는 사실을 깨닫기 시작한다. 점차 우리는 이 슬픔이 '기쁨어린' 것이며, 뭔가 신비스런 변화가 우리 안에서 일어날 찰나에 있다는 것을 이해하고 감지하기 시작한다. 그것은 마치 삶의 시끌벅적함, 번잡스러움, 거리의 소란스러움, 일상적으로 우리의 일과를 낮과 밤 가릴 것 없이 가득 메우는 이 모든 것들이 범접할 수 없는 곳, 어떤 영향도 미칠 수 없는 곳에 다가선 듯한 느낌이다. 너무도 중요해서 우리의 영혼을 온통 사로잡고 있는 듯한 모든 것들, 마치 우리에게 제 2의 본성처럼 되어버린 근심걱정의 상태, 이 모든 것들이 홀연 사라져 버리고 대신 우리는 자유, 가벼움, 행복감을 느끼기 시작한다. 그것은 하루에도 수십 번씩 나타났다 사라지길 반복하는 떠들썩하고 피상적인, 너무나도 허약하고 금시라도 달아날 것만 같은 그런 행복감이 아니다. 그것은 심오한 행복이다. 특별하고 구체적인 동기도 없지만 도스토예프스키의 말처럼 우리의 영혼이 '또 다른 세상'을 접할 때 일어나는 행복감이다. 우리의 영혼이 말로 표현할 수 없는 신뢰를 가지고 빛, 평화, 기쁨을 만날 때 만들어지는 행복감이다.

이제 우리는 전례예식들이 길고 특별히 더 단조로울 수밖에 없는 이유를 이해하게 된다. 또한 이러한 예비적 침잠 없이는, 또한 우리의 내면에 어느 정도의 내적 고요를 회복함이 없이는, 쉴 새 없이 분주하게 움직여야만 하고 늘 근심하지 않으면 안 되는 평소의 영적 상태에서 이 새로운 영적 상태로 넘어가는 것이 불가능하다는 것을 이해하게 된다. 그래서 교회의 전례 예식들을 단지 '의무'로만 여기고, 그리하여 최소한 지켜야할 의무사항, 예를 들어 몇 번이나 성당엘 가야 하는지, 혹은 몇 번이나 기도해야 하는지 등에만 관심 있는 사람은 전례 기도의 참된 본질을 결코 이해할 수 없다. 그 본질이란 결국 '하느님 현존'이라고 하는 '또 다른 세상'으로 우리를 인도해 주는 것이다. 그것도 아주 서서히 말이다. 왜냐하면 우리의 타락한 본성은 더 이상 본성적으로(자연스럽게) 단번에 그것에 접근할 수는 없게 되어버렸기 때문이다.

이렇게 우리가 이 신비로운 해방을 경험하고 가볍고 평화롭게 되어 고요 속에 잠기는 한편으로, 전례 예식의 단조로움과 슬픔은 우리에게 전혀 다른 또 하나의 의미를 가진다. 그것은 이 단조로움과 슬픔은 거룩한 것으로 변형된 것이라는 점이다. 계곡은 아직 어둠 속에 잠겨있지만 새벽 여명이 산등성이를 비추어 서서히 밝혀가듯, 내적인 아름다움이 이 단조로움과 슬픔의 분위기를 은은하게 밝혀간다. 이 은밀하고도 부드러운 기쁨이 긴 알렐루야[6]와 대 사순절 전례 예식들의 모든 음조들을 통해서 우리에게 제공된다. 우리에게 단조로움으로 비쳤던 것은 이제 평화였음이 드러나고, 우리에게 슬픔처럼 느껴졌던 것은 이제 자신의 잃어버린 심연을 되찾은 한 영혼의 첫 몸짓들로 경험된다. 대 사순절 동안 매일 조과에서 불리는 알렐루야 찬가의 첫 번째 구절이 이를 잘 보여준다.

밤새도록 당신을 그리는 이 마음,
아침이 되어 당신을 찾는 이 간절한 심정,

당신의 법이 세상에 빛나는 때!

'기쁨어린 슬픔.' 유배된 나의 신세로부터 오는 슬픔, 내 인생을 헛되이 낭비했다는 한탄어린 슬픔. 하지만 하느님 현존과 그분의 용서라는 온화한 빛, 다시 한번 하느님을 목말라하게 된 기쁨, 제 집에 돌아왔을 때의 평화. 이런 것들이 바로 대 사순절 전례 예식들의 분위기이고, 대 사순절이 우리 영혼 안에 일으키는 첫 번째 인상이다.

---

16) 정교회의 전례서적들을 보면, 대 사순절은 종종 알렐루야의 시기로 특징 지워진다. 반면 서방에서는 아주 오래전에 알렐루야가 대 사순절 전례에서 쫓겨나고 특별히 부활절에만 불리도록 배치되었다. 이 차이는 매우 흥미로운데, 왜냐하면 유대교 전례로부터 전해 받은 아주 중요한 이 전례 용어는 언제나 기쁨을 표현하는 것이었기 때문이다. 형식적인 면으로만 보아도, "알렐루야"라는 용어는 "대 사순절"과 동의어가 된다. 왜냐하면 대 사순절 기간 동안 우리는 매일 조과에서 시편 117편 27-26절 "하느님 주께서 우리에게 나타나셨으니, 주의 이름으로 오시는 이가 찬미 받으시도다" 대신에 알렐루야를 영창하기 때문이다. 그러나 이 시편 구절은 사실 어떤 시기에 새롭게 도입된 것으로 주교좌 대성당 예식의 축제일 조과에서 차용되어(참고, 나의 책 *Introduction to Liturgical Theology*, p. 125), 점차 일반화된 것이다(참고, J. Mateos, S. J., *Some Problems of Bysantine Orthros*, A. Lewis의 등사판 번역, II, 2). 7세기 초 "하느님 주께서..."가 사용되지 않았음은 여전히 수도원 전례의 큰 특징으로, 시나이 수도원의 토요철야예배 전례규칙 묘사에 의해 확증되고 있다(J. B. Pitra, *Juris Ecclesiae graecorum hisoria et monumenta*, I. p. 220). 수도원장 닐로스(Nilus)는 "하느님 주께서..."가 축제일을 위해 추가된 것으로 "까논의 초입"에 불려진다고 언급한다. "하느님 주께서..."와 이에 동반되는 구절들이 들어있는 시편 117편은 알렐루야 시편으로, 각각의 구절이 끝날 때마다 알렐루야가 후렴처럼 사용되는 시편이다(참고, S. Mowinckel, *The Psalms in Israel's Worship*, 영어 번역. [Oxford: 1962], I. p. 120). 마지막으로 우리는 『뜨리오디온』의 체계를 구성했다고 알려진 스투디오스 수도원장 떼오도로스 성인이 특별한 "알렐루야 찬가"(Alleluiaria)를 작곡했다고 알고 있는데(참고, Skaballanovich, p. 404) 이것이 대 사순절의 알렐루야의 기원이 아닐까 싶다. 서방에서 알렐루야의 운명이 어떻게 되는지에 대해서는 다음을 보라(J. A. Jungman, *Missarum Solemnia*, III, pp. 92 ff.).

시리아인 에프렘 성인의 대 사순절 기도

많은 대 사순절 성가들과 기도들 가운데, 우리가 특별히 '대 사순절 기도'라 부를 수 있는 짤막한 기도문이 있다.

전통은 이 기도문을 영적 삶의 대 스승 가운데 한 분인 시리아인 에프렘 성인의 것이라고 여긴다. 기도문은 이렇다 :

우리 생명의 주이시며 스승이시여,
나태한 마음과 실망, 권력의 욕망과 헛된 말을
나에게 주지 마소서.

그리고 주의 종에게
정결과 겸손과 인내와 사랑의 마음을 주소서.

주님이시며 임금이시여,
나로 하여금 내 자신의 잘못을 알게 하시고,
내 형제를 판단치 않게 하소서.
주는 영원히 영광을 받으시나이다.

이 기도문은 대 사순절 기간 동안 월요일에서 금요일까지[17] 각 기도 예식 마지막에 두 번 읽혀진다. 처음에 우리는 이 기도문의 한 단락들이 끝날 때마다 참회의 큰 절을 올린다. 그런 다음 열 두 번의 참회의 큰절을 올리면서 "하느님이시여, 죄인인 나를 깨끗하게 하소서"라고 기도드린다. 이어서 마지막으로 이 기도문 전체를 기도로 드리고 마지막 참회의 큰절을 올린다.

이 짧고 단순한 기도문이 대 사순절 전례 기도에서 이토록 중요하고 비중 있는 자리를 차지하게 된 이유는 무엇일까? 그것은 이 기도문이 참회에 있어서 부정의 요소와 긍정의 요소들을 아주 탁월한 방식으로 나열하고 있으며 그리하여 대 사순절을 지내는 우리 각자가 개별적으로 명심하고 노력해야 할 바들을 상기시켜 주는 역할을 하기 때문이다. 이 노력은 무엇보다도 먼저, 우리들의 삶에 속속들이 배어있어서 우리로 하여금 하느님을 향해 돌아서는 것을 거의 불가능하게 만들어 버리는 아주 근본적인 영적인 병들로부터 우리를 해방시키는 것을 목표로 한다.

이 근본적인 병은 **게으름**(나태함)이다. 이 낯선 무력감, 우리들 전 존재의 이 수동성은 우리를 위로 향하게 하기보단 아래로 향하게 하고, 끊임없이 어떤 변화도 가능하지 않으며 바람직하지도 않다고 속삭인다. 그것은 사실, 모든 영적 초대에 "그래서 뭐하게?"라고 대답하게 만드는 깊이 박힌 닻과 같은 냉소이다. 이 게으름은 모든 죄의 뿌리이다. 왜냐하면 그것은 영적 힘의 샘을 그 근원에서부터 오염시키기 때문이다.

---
[17] 토요일과 주일에는 읽혀지지 않는데, 이 두 요일의 전례들은 대 사순절의 전례규칙들을 따르지 않는다. 이에 대해서는 나중에 다시 살펴볼 것이다.

게으름의 결과는 **실망**이다. 그것은 낙담의 상태로, 모든 영적 교부들은 이것이 우리 영혼에 가장 위험하다고 보았다. 낙담은 사람들로 하여금 뭔가 선하고 긍정적인 것을 인정할 수 없게 만든다. 만사가 다 부정과 비관으로 귀결된다. 그것은 그야말로 우리 안에 구축된 악마의 권력이다. 왜냐하면 악마는 근본적으로 거짓말쟁이기 때문이다. 악마는 사람에게 하느님과 세상에 대해서 거짓말을 한다. 그는 삶을 어둠과 부정으로 가득 채운다. 실망은 그래서 영혼의 자살이다. 사람이 그에 사로잡히면 절대 빛을 볼 수 없고 그 빛을 열망할 수도 없기 때문이다.

지배욕. 이것 또한 아주 낯선 것인데, 우리들의 삶을 이 지배욕으로 들끓게 만드는 것은 바로 게으름과 실망이다. 인생에 대한 우리의 태도들을 왜곡하여 인생을 공허하고 무의미하게 만들어 버림으로써, 이것들은 우리로 하여금 타인들에 대한 근본적으로 잘못된 태도 안에서 이에 대한 보상을 찾게 만든다. 내 인생이 하느님을 향해 있지 않다면, 영원한 가치들을 목표로 하고 있지 않다면, 불가피하게 그것은 이기적인 것이 될 것이고, 자기 자신에게 초점이 맞추어질 것이다. 말하자면 다른 모든 존재들은 나만의 만족을 위해 희생되어야 할 수단들이 될 것이다. 하느님이 더 이상 내 인생의 주님이요 주관자가 아니라면, 나는 나 자신의 주님이요 주관자가 되어 내 우주의 절대적인 중심이 될 것이며, 그래서 결국 내 필요, 내 생각, 내 욕망, 내 판단에 따라 모든 것을 평가하게 될 것이다. 이런 방식으로, 지배욕은 타인들과의 관계를 그 기초부터 왜곡한다. 그들을 내게 복속시키길 추구한다. 하지만 그것이 반드시 타인을 지시하고 다스리고자 하는 실제적인 욕구들로만 표현되는 것은 아니다. 그것은 또한 무관심, 경멸, 관심과 배려와 존중의 부족 등으로 나아갈 수도 있다. 그것은 분명 타인들과의 관계 안에서 드러나는 게으름과 실망이다. 그것은 영적 살인을 통해서 영적 자살에 이르는 구조를 완성한다.

마지막으로 **헛된 말**. 모든 피조물 중에서 사람만이 '말의 은사'를 부여받았다. 모든 교부들은 이 '말의 은사'에서 사람 안에 새겨진 하느님의 형상의 한 가지 확증을 보았다. 왜냐하면 하느님 자신이 스스로를 말씀(요한 1장1절)으로 계시하셨기 때문이다. 하지만 그것이 최고의 선물이기 때문에 또한 이 '말의 은사'는 최고로 위험한 것이기도 하다. 그 사람의 표현 자체이고 또 스스로를 실현하는 수단이기에 이 '말의 은사'는 동일한 이유로 타락과 자기 파괴와 자기 배반과 죄악의 기회가 되기도 한다. 말은 구원하기도 하고 죽이기도 한다. 말은 영감을 주기도 하고 독을 퍼뜨리기도 한다. 말은 진리의 도구이기도 하지만 동시에 악마적인 거짓의 도구이기도 하다. 엄청난 긍정의 힘을 가지고 있지만 또한 끔찍한 부정의 힘도 가지고 있다. 진정 말은 긍정적으로든 부정적으로든 창조의 힘을 가진다. 그 신적 기원과 목적에서 벗어날 때, 말은 헛된 것이 된다. 그것은 게으름과 실망과 지배욕에 든든한 지지를 제공하고, 그렇게 해서 삶을 지옥으로 변화시켜 버린다. 그것은 죄의 권능 그 자체가 되어 버린다.

우리는 에프렘 성인의 대 사순절 기도에서 참회가 겨냥하고 있는 네 가지 부정적인 요소를 살펴보았다. 그것들은 제거해야할 장애물이다. 하지만 하느님만이 그것을 하실 수 있다. 이로부터 대 사순절 기도의 첫 번째 부분이 나온다. 그것은 우리 인간의 무능력함의 그 깊은 곳에서 터져 나오는 부르짖음이다. 이어서 기도문은 동일하게 네 가지인 참회의 긍정적인 목표로 넘어간다.

정결. 우리는 종종 이 용어를 성(性)적인 의미로만 축소시켜 적용함으로써 잘못을 범하는데, 그렇게만 하지 않는다면 정결은 게으름에 대한 긍정적 대립항으로 간주될 수 있을 것이다. 정결을 뜻하는 그리스어 '소프로시니'나 러시아어 '쩰로무드리예'의 정확하고 완벽한 번역은 아마도 "통일된 마음"이 되어야 할 것이다. 게으름은 무엇보다도 우리의 시선과 힘의 흩어짐, 쪼개짐이며 전체를 볼 수 있는 능력의 부재이다. 그 반대는 정확히 '전체성'이다. 만일 우리가 습관적으로 그렇게 해왔듯이 정결이라는 용어로 성적 방탕에 반대되는 덕을 지시한다면, 그것은 바로 우리의 실존이 균열되어 있다는 사실과 특징이 그 어떤 것에서보다 이 성적 욕망, 다시 말해 몸이 영적 삶과 통제로부터 분리되었음을 의미하는 이 욕망에서 두드러지게 드러나기 때문이다. 그리스도께서는 우리 안에 이 전체성을 회복하시는데, 우리에게 가치들의 참된 위계들을 다시 세워주고 우리를 하느님께로 인도하심으로써 그렇게 하신다.

이 통일성 혹은 정결의 경이로운 첫 번째 열매가 바로 **겸손**이다. 이미 말한 바 있듯이, 겸손은 우리 안에서 진리가 승리했음을 가장 뚜렷하게 보여준다. 그것은 우리가 매일 매일 살아가며 경험하는 모든 거짓의 제거이다. 겸손만이 진리를 껴안을 수 있고, 만사를 있는 그대로 보고 받아들일 수 있게 해주며 그리하여 모든 것 안에서 하느님, 그분의 위엄, 그분의 선하심, 그분의 사랑을 볼 수 있게 해준다. 하느님께서는 보잘것없는 비친한 자들을 높이시고 권세있는 자들을 낮추신다고 노래하는 까닭이 바로 여기 있다.

정결과 겸손에는 자연스럽게 **인내**가 뒤따른다. 사람은 '본성적' 으로나 혹은 '타락한 상태' 에서나 인내심이 없다. 자신에 대해 눈멀어 있어서 다른 이들을 판단하고 정죄하는 일을 쉽게 저지르기 때문이다. 만사에 대해 아주 파편적이고 불완전하며 오도된 시각을 가지고 있음에도 불구하고 모든 것을 자신의 생각과 구미에 따라서 판단한다. 자신을 제외한 모든 것에 대해 전혀 배려하지 않으면서도 지금 이곳에서 당장 자신의 인생이 성공하길 원한다. 더구나 인내는 참으로 신적인 덕이다. 하느님은 인내하시다. 그것은 그분이 '너그러우시기' 때문이라기보다는 오히려 그분은 존재하는 모든 것을 그 깊이로부터 알고계시며, 우리의 눈에는 보이지 않는 만물의 내적 현실이 그분에게는 적나라하게 드러나기 때문이다. 우리가 하느님께 가까이 가면 갈수록 우리는 더욱 인내하게 되고, 그리하여 하느님 고유의 성품 말하자면 모든 존재를 한없이 존중하는 그분의 성품을 우리 스스로가 더욱더 반사하게 된다.

마지막으로 모든 덕과 모든 신앙과 모든 노력의 왕관은 **사랑**이다. 이미 말한 것처럼 이 사랑은 오직 하느님을 통해서만 주어질 수 있다. 모든 영적 분투와 모든 훈련과 모든 금욕의 목표는 바로 이 사랑의 은사이다.

이 모든 것이 이 대 사순절 기도를 결론짓는 "나로 하여금 내 자신의 잘못을 알게 하시고, 내 형제들을 판단치 않게 하소서"라는 간구 안에 모아져 요약된다. 왜냐하면 궁극적으로는 오직 하나의 위험만이 존재하는데, 그것은 바로 교만의 위험이기 때문이다. 교만은 악의 근원이고 모든 악은 교만이다. 그럼에도 불구하고 내 자신의 허물을 보는 것만으로는 충분치 않다. 왜냐하면 바로 이 덕도 그저 겉으로만 그런 것일 때는 금방 교만으로 향할 수 있기 때문이다. 수많은 영적 저작들은 실제로 겸손과 자기 고발이라는 포장 아래 참으로 악마적인 교만으로 인도될 수 있는 거짓 경건의 아주 교묘한 형태들에 대한 경고로 가득 차 있다. 하지만 "내 자신의 잘못을 보고" 또 "내 형제를 판단치 않을" 때, 다시 말해 우리 안에서 정결, 겸손, 인내, 사랑이 모두 동일한 것이 될 때, 그럴 때만 비로소 최후의 적인 교만이 우리 안에서 사라지게 된다. 이 기도의 각 간구가 끝날 때마다 우리는 참회의 큰 절을 한다. 이 행동이 에프렘 성인의 기도에만 제한적으로 적용되는 것은 아니다. 오히려 그것은 대사순절 전례 기도 전체의 큰 특징들 중의 하나이다. 그럼에도 불구하고 바로 이 에프렘 기도에서 이 참회의 큰 절은 그 의미가 가장 뚜렷하게 드러난다. 영적 회복을 위한 이 길고도 힘겨운 투쟁에서 교회는 영혼을 몸과 분리시키지 않는다. 사람은 그 전체가 타락으로 인해 하느님을 등졌다. 그러므로 사람은 그 전체가 회복되어야 한다. 이 전인적 인간이 하느님께로 되돌아가야 한다. 죄의 재앙은 바로 육체, 동물적 본성, 비이성적인 것 그리고 정념이 영적이고 신적인 것에 대해 승리했다는 데 있다. 하지만 몸은 영화로운 것이고 거룩한 것이다. 그토록 거룩한 것이기에 하느님 자신이 "육신이 되신" 것이다. 그러므로 구원과 참회는 몸을 멸시하거나 소홀히 하지 않는다. 오히려 이 몸을 그 본래의 참된 기능으로 회복시켜 영적 삶의 표현이 되게 하고, 값으로 따질 수 없는 인간 영혼의 성전이 되게 한다. 그리스도교적 금욕주의는 몸에 대한 투쟁이 아니라 몸을 위한 투쟁이다. 몸과 영혼을 가진 인간 전체가 참회해야 하는 *까닭*이 바로 이것이다. 몸은 영혼의 기도에 참여한다. 또 영혼은 몸을 통해 몸 안에서 기도한다. 그러므로 참회의 큰 절은 참회와 겸손과 경배와 순종의 심리적이고 신체적인 표현으로 대 사순절 예식의 탁월한 예법이다.

성경

　교회의 기도는 늘 성경적이다. 다시 말해 성경의 언어와 형상들과 상징들로 표현된다. 성경이 하느님께서 사람에게 드러내신 계시를 포함하고 있지만 그것은 또한 사람이 이 계시에 대해 보여준 영감이 넘치는 응답, 다시 말해 인간의 기도와 찬양과 경배의 여러 유형과 내용을 담고 있다. 이렇게 시편이 지어진 시대로부터 이천 년이 훨씬 더 흘렀음에도 불구하고, 참회의 감정이나 하느님의 자비 앞에서의 전인적 떨림을 표현하고자 할 때 인간은 아직도 참회의 시편들에 나오는 "오 주님이시여, 우리를 불쌍히 여기소서!"라는 구절에서 가장 적합한 표현을 발견한다. 하느님과 세상과 이웃과 관계 맺으며 살아가야 하는 인간 존재에 대해 우리가 상상할 수 있는 모든 상황들이, 하느님 현존이라는 용솟음치는 기쁨에서부터 유배된 자의 처절한 절망, 죄와 소외의 건널 수 없는 좌절과 같은 모든 상황들이 이 독창적인 시편서 안에 완전하게 표현되어 있다. 그것이 바로 이 시편서가 언제나 교회의 매일 양식이요 기도와 교육을 이끌어가는 수레바퀴가 되어온 까닭이다.
　대 사순절 동안, 전례 기도의 성경적인 차원은 더욱 두드러진다. 심지어 우리는 대 사순절의 사십 일이 어떤 의미에서는 구약성경의 영적 상황, 다시 말해 그리스도 이전의 시대, 참회와 기다림의 기간, 그리스도 안에서의 완성과 성취를 향해 나아가는 '구원사'의 한 시기로 교회를 되돌리는 것이라고 말할 수 있다. 이 되돌아감은 필수적이다. 왜냐하면 비록 그리스도 이후의 시대에 속해 있지만, 또 그리스도를 알고 그의 이름으로 '세례를 받았지만', 우리는 끊임없이 그분으로부터 받은 이 새 생명에서 떨어져 나가 있기 때문이다. 다시 말해서 우리는 '옛' 시대로 굴러 떨어졌다는 것이다. 교회는 "예수 그리스도의 은총과 하느님 아버지의 사랑과 성령의 친교"이기 때문에 이미 목적지에 와있다. 그럼에도 불구하고 교회는 "길을 가는 중"이다. 하느님 안에서 만물이 충만하게 완성될 때를 향해, 그리스도의 다시 오심과 세상의 끝을 향해, 길고 힘겨운 순례를 행하고 있다.

대 사순절은 교회의 이 두 번째 측면, 즉 유리방황하며 기다리는 광야의 삶이 실제적으로 부각되는 시기이다. 그래서 구약성경의 의미가 크게 강조된다. 그것은 이미 성취된 예언들의 책으로서만이 아니라 하느님 나라를 향해 "길을 가는 중에 있는" 인간과 모든 피조물의 책으로서 의미를 갖기 때문이다.

대 사순절의 예식에서 구약성경을 사용할 때 두 가지 원칙에 바탕을 둔다.[18] 하나는 시편을 평소보다 '두 배로 봉독'한다는 것이고, 또 하나는 창세기와 이사야와 잠언서 세 권을 '연속적으로 봉독'하여 거의 전부 다 읽는다는 것이다.

---

18) 대 사순절 전례의 성경봉독에 대해서는 다음을 보라. Alexis Kniazeff, "La Lecture de l'Ancien et du Nouveau Testament dans le Rite Byzantin" in Mgr. Cassien and Dom Bernard Botte, La Prière des Heures, Colleciton "Lex Orandi" 35 (Paris: 1963), pp. 202-251.

시편은 그리스도교 전례 기도에서 항상 중심적이고 특권적인 위치를 차지해 왔다.[19] 교회는 시편에서 기도와 참회와 경배와 찬양의 가장 적합하고 완벽한 표현뿐만 아니라, 하느님 계시 속에 숨겨진 또 하나의 계시라 할 수 있는 그리스도와 교회에 대한 가장 참된 언어적 형상화를 발견한다. 교부들의 글을 해설한 한 주석가는 말하기를, 교부들에 따르면 "이 책에서 기도하고 눈물 흘리고 말하는 이는 오직 그리스도와 그 교회이다"라고 평했다. 또한 처음부터 시편서는 교회의 기도의 굳건한 토대, "그 기도의 가장 자연스런 언어"를 형성해 왔다. 먼저 교회는 매일 매일의 모든 예식에서 '고정 시편'이라는 형태로 시편을 사용한다. 다시 말해 매일 예식 각각의 고정된 요소로 사용되는 시편들이 존재한다. 만과의 '창조시편'(104편), 조과의 '연합 시편'(3, 38, 63, 88, 103, 143편)과 찬양 시편(148, 149, 150편), 시과(1, 3, 6, 9시과, 석후과, 심야과)에 각각 배치된 세 개의 시편 등이 그렇다. 또한 전례력을 따라 모든 축일들에 특별히 불려지는 쁘로끼메논과 알렐루야 영창시 등도 시편에서 선택된다. 끝으로, 시편 전체가 20개의 묶음으로 나뉘어(이때 한 묶음을 '시편 까띠스마'라 부른다) 한 주간 동안 매일 매일의 만과와 조과에 할당되어 일독된다. 바로 이 세 번째 방식의 시편 봉독(시편 까띠스마 봉독)이 대 사순절에는 두 배로 행해진다. 다시 말해 시편 까띠스마 봉독이 평상시와는 달리 만과와 조과뿐만 아니라 3시과와 6시과에도 배치되어 시편서 전체가 일주일에 한 번이 아니라 두 번 읽힌다는 것이다.

---

19) 전례에서의 시편서 사용에 관해서는 다음을 보라. Balthazar Fisher, "Le Christ dans les psaumes," *La Maison Dieu*, 27 (1951), pp. 86-109 및 같은 잡지 특별호 "Les Psaumes, prière de l'assemblée chrétienne," *La Maison Dieu*, 33 (1953). 현재 시편 독서 체계의 수도원적 기원에 대해서는 Skaballanovich, pp. 208 ff.

창세기, 이사야, 잠언서의 '연속적 봉독'은 대 사순절이 세례예비자들을 교육하고 준비시키던 주된 기간이었던 시대로 거슬러 올라간다. 이 시기에 교회의 다양한 예식들은 세례예비자 교육이라는 특징을 강하게 띠었다. 이 세 책은 구약성경 전체의 세 가지 주된 측면들 각각에 조응한다. 창조 세계 안에서 행하신 하느님의 역사, 예언, 도덕적 혹은 윤리적 가르침이 그것이다.

창세기는 말하자면 교회의 신앙의 '뼈대'를 제공한다. 그것은 창조와 타락, 그리고 마침내 하느님께서 그의 선택하신 백성과 맺은 계약을 통해 구원을 약속하시고 시작하시는 이야기를 담고 있다. 이 책은 교회의 하느님 신앙이 가지는 근본적인 세 가지 차원, 즉 창조주, 심판자, 구원자이신 하느님이라는 세 차원을 제공한다. 또한 그것은 사람이 대체 어떤 존재인가에 관한 그리스도교적 이해의 토대들을 밝혀준다. 사람은 "하느님의 형상에 따라 하느님을 닮은" 존재로 창조되었지만 타락으로 인해 하느님으로부터 멀어졌다. 그럼에도 불구하고 사람은 여전히 하느님의 사랑과 관심과 구원의 대상이다. 이 책은 그리스도를 향해 전진해 가고 그리스도 안에서 완성되는 '구원사'로서의 역사의 의미를 발견케 해준다. 그것은 하느님 백성, 계약, 방주 등의 다양한 상징들과 실제들을 통해서 교회의 신비를 예고한다.

이사야는 가장 위대한 예언자이다. 대 사순절 동안 그의 예언서를 읽는 것은 다시 한번 우리에게 그리스도의 고난과 희생을 통한 인류 구원의 위대한 신비를 보여주기 위함이다.

마지막으로 잠언서는 구약성경의 윤리와 도덕법과 지혜의 결정판이다. 이러한 가르침이 없다면 사람은 자신이 얼마나 하느님으로부터 잘려 나가 있는지 이해할 수 없을 것이고, 그래서 사랑과 은총으로 주어지는 용서의 복된 소식을 들을 수조차 없게 될 것이다.

  이 세 책 중 창세기와 잠언서는 저녁기도 시간에 이사야서는 6시과에 배치되어 대 사순절 동안 매주 월요일부터 금요일까지 매일 읽힌다. 대 사순절은 이미 오래전부터 더 이상 교회의 세례예비자 교육 기간이길 멈추었지만 이 성경 봉독의 원래 의도들은 아직도 그 충만한 의미를 간직하고 있다. 우리의 그리스도교 신앙은 그 신앙의 성경적 뿌리요 토대로 매년 되돌아갈 필요가 있다. 왜냐하면 하느님 계시에 대한 우리의 이해가 커져 나가는 데는 그 끝이 없기 때문이다. 성경은 단 한번 받아들이고 기억하고 말아도 되는 교리적 명제들의 모음집이 아니다. 그것은 우리에게 끊임없이 말씀하시는 하느님의 살아있는 음성이며, 하느님은 성경 말씀을 통해서 우리를 그분의 지혜와 사랑의 이루 다 헤아릴 수 없는 풍요로움 속으로 더욱 깊이 인도하신다. 우리 교회에서 성경에 대한 거의 완벽한 무지에 빠져 있는 신자들을 보는 것처럼 비극적인 것은 없다. 이보다 더 비극적인 것은 성경에 대한 거의 완전한 무관심이 팽배해 있다는 것이다. 교부들과 성인들에게는 그칠 줄 모르는 기쁨과 영적이고 지적인 유익과 성장의 원천이었던 것이 오늘날 많은 정교신자들에게는 그저 그들의 삶과는 무관한 의미 없는 옛날 이야기책이 되어버렸다. 그러므로 대 사순절의 정신과 의미를 재발견함으로써 또한 성경이 참된 영적 양식이요 하느님과의 참된 교제임을 새롭게 인식하게 되는 계기가 된다면 더 없이 좋은 일일 것이다.

『뜨리오디온』

　대 사순절은 이 기간에 고유한 전례서를 한 권 가진다. 『뜨리오디온』 이 바로 그것이다. 이것은 세리와 바리사이파 사람의 주일로부터 성 대 토요일 만과로 끝나는 대 사순절 기간 매일 매일에 불리고 읽혀야 할 성가들과 성경 구절들을 포함한다.

　『뜨리오디온』의 성가들은 대부분 세례예비자 교육이 사라지면서, 말 하자면 성인 남녀들에 대한 세례와 그를 위한 교육이 더 이상 의미 없 게 된[20] 시대에 지어졌다. 그러므로 이 성가들은 세례가 아니라 참회에 강조점을 둔다. 불행하게도 오늘날 대 사순절 성가체계의 탁월한 미학 과 영적 깊이, 그것의 의미와 목적을 알고 이해하는 사람은 극히 드물 다. 이런 변화는 분명 그리스도교 정신 안에서 아주 서서히 진행된 것이 겠지만 결국 대 사순절을 그저 교회법적인 '의무'와 음식에 관한 일련 의 법들로 축소시켜 버리기에 이르렀다. 이렇게 해서 우리는 오늘날 대 사순절을 가득 채웠던 참된 영감의 의미들과 대 사순절이 우리에게 보

---

20) 역자 주) 왜냐하면 당시 비잔틴 제국과 정교회 국가들에서는 정교회가 국교였다. 그래서 형식적으 로는 복음화가 완수되어 거의 모든 사람이 유아세례를 받게 된 반면 성인이 되어서 세례 받는 경우 는 극히 드물었기 때문이다.

여주고 만나게 해주고자 했던 것들의 진정한 의미들을 완전히 잃어버리고 말았다. 그것을 다시 회복하기 위해선 『뜨리오디온』 성가들을 다시 한번 주의 깊게 들어보는 것 말고는 다른 방법이 없다.

예를 들어 얼마나 자주 이 성가들이 금식에 대한 형식적이고 위선적인 이해를 경계하고 있는지 알아보는 것은 매우 큰 의미가 있다. 금육주간 수요일부터 우리는 이렇게 노래한다.

> 내 영혼아, 네가 금식하는 것에 대해 자랑하는 것은 헛된 일이다.
> 네가 비록 음식을 먹지는 않지만
> 욕정들로부터 정화되지는 못했음이로다.
> 금식이 너를 다시 일으켜 세우지 못한다면
> 하느님께서는 너를 거짓말쟁이로 취급할 것이다.
> 극악한 악마들도 아무것도 먹지 않으니
> 네가 그들과 다를 게 없기 때문이다.
> 그러므로 죄에 빠져 너의 금식이 무익한 것이 되지 않도록 하여라.
> 반대로 십자가에 달리신 그리스도 곁에 머물러 있음으로써,
> 더 나아가 너를 위해 십자가에 달리신 분을 위해
> 너 자신을 십자가에 못 박음으로써
> 욕정의 공격들 앞에서 확고하게 버티도록 하여라.
>
> (만과 아뽀스띠하[21])

---

21) 역자 주) '아뽀스띠하'는 만과와 조과때 두 구절의 시편 윾송 사이에 불려지는 성가를 말한다.

대 사순절 네 번째 주간 수요일에는 이렇게 노래한다.

은밀하게 덕을 행하여 성령께서 주시는 보상을 받은 사람들은
그것을 공공연하게 드러내지 않고 자기 마음속에 은밀하게 간직합니다.
우리 각자 안에 은밀하게 숨어있는 것을 보시는 분께서
우리에게 절제의 대가를 주십니다.
그러니 얼굴을 어둡게 하지 말고
오히려 우리 마음 깊이 기도드리면서 금식을 이어가도록 합시다.
그리고 이렇게 간청합시다 :
하늘에 계신 우리 아버지,
우리를 유혹에 빠지지 않게 하시며,
당신께 간절히 간구하오니 악에서 우리를 구하소서.

(만과 스티히라)

대 사순절 내내 성가들은 위선을 고발하면서 세리의 겸손과 바리사이파 사람의 수다와 허풍을 대조하여 드러낸다. 그렇다면 참된 금식은 무엇인가? 그것은 무엇보다도 내적인 정화라고 『뜨리오디온』은 대답한다.

...
신자들이여,
타락의 함정들과 치명적인 욕정들을 금식합시다.
그래서 거룩한 십자가의 생명을 얻고
착한 강도와 함께

우리가 원래 있어야 할 곳으로 돌아갈 수 있도록 합시다.
…

그것은 또한 사랑으로 되돌아가는 것이고 분산된 삶과 증오와 불의와 질투에 대한 싸움이다.

형제들이여,
육체적인 금식에 영적인 금식을 더합시다.
불의의 끈들을 다 잘라버리고,
폭력 행위의 사슬을 다 끊어버리고,
불공평한 빚 문서들을 다 찢어버리고,
굶주린 이들에게 먹을 것을 주고,
집 없는 사람들에게 우리 집 대문을 활짝 열어줍시다.
그리하여 그리스도의 크나큰 자비를 입읍시다.

(대 사순절 첫 번째 주간 수요일 만과 스티히라)

신자들이여,
와서 빛 가운데 서서 하느님의 일들을 완성합시다.
대낮을 활보하듯 정직하게 걸어갑시다.
걸려 넘어질 만한 함정을 놓을 생각일랑 말고
우리 이웃들에 대한 온갖 나쁜 마음들은 멀리 치워버립시다.
육체의 즐거움을 멀리하고
영적인 은사들을 키워나가며,

극빈에 처한 이들에게 먹을 것을 나누어줍시다.
'오, 우리 하느님이시여 우리를 불쌍히 여기소서'라고 부르짖으며
참회의 심정으로 그리스도께 가까이 나아갑시다.

(대 사순절 첫 번째 주간 금요일 만과 스티히라)

이 성가들을 듣고 있노라면 우리는 대 사순절에 대한 아주 경박스럽고 바리사이파적인 이해로부터 멀리 떨어져 있음을 알 수 있게 된다. 하지만 불행하게도 오늘날 너무나도 폭넓게 퍼져있는 피상적인 이해는 대 사순절의 금기의 측면만을 배타적으로 강조한다. 다시 말해 그것을 참고 받아들여서 끝까지 준수한다면 자동적으로 '공로'가 되어 우리를 하느님과의 은총의 관계 안에 세워줄 것이라고 믿는 일종의 '내키지 않는 일'로 이해하게 만든다. 얼마나 많은 사람들이 마치 하느님께서 우리의 고통을 즐기기라도 하는 듯이 생각하며, 대 사순절을 그 자체로는 선한 일일 수도 있는 많은 것들이 금지되는 시기라고 생각하는지 보라! 『뜨리오디온』성가들의 작가들에게 대 사순절은 그와는 정확히 반대되는 것이었다. 그것은 '정상적인' 삶, 다시 말해 아담과 이브가 중단시키고야 말았던 어떤 삶의 방식, 그래서 그 댓가로 세상에 고통과 죽음을 들여놓고야 만, 이 '금식'(금욕)의 삶으로 돌아가는 것이다. 그러므로 대 사순절은 영적인 봄, 기쁨과 빛의 계절로 환영받아 마땅한 것이었다.

대 사순절의 봄이 솟아났도다.
참회의 꽃도 피어올랐도다.
형제들이여, 죄에서 우리를 정화합시다.

우리의 빛의 근원께 찬양드립시다. …

(유식 주간 수요일 만과 아뽀스띠하)

기쁨으로 금식의 명령을 받아들입시다.
우리의 첫 조상이 그것을 지켰다면
우리는 에덴 정원을 잃지 않았으리라. …

(대 사순절 첫째 주간 금요일 조과 아뽀스띠하)

이 대 사순절 기간의 환희를 맛봅시다.
기도의 찬란함과 모든 덕들의 충만함 속에서
순결과 진실된 사랑으로 빛나게 합시다.
기쁨으로 찬양합시다. …

(대 사순절 둘째 주간 화요일 만과 스티히라)

주님 안에서 기뻐하고 그리스도와 그의 왕국이 존재의 최고 소망이요 기쁨인 사람들만이 최종적인 승리의 잔치에 참여하기 위해 죄와 악에 대한 싸움을 기꺼이 받아들일 수 있다. 바로 이런 이유로 인해서 대 사순절 기간 매일, 많은 성인들 중에서도 유독 순교자 성인들만이 특별한 성가들을 통해서 기억되고 찬미되는 것이다. 왜냐하면 순교자들이야말로 정확히 이 세상의 모든 것들, 심지어 자기 목숨까지 버리고 그리스도를 택한 사람들이며, 안티오키아의 이그나티오스 주교 순교자 성인처럼 죽으면서도 "이제야 나는 삶을 얻었소"라고 말하며 그리스도 안에서 즐거워한 사람들이기 때문이다. 그들은 하느님 나라의 증인들이다. 그

나라를 보고 맛본 사람만이 이 궁극적인 자기 포기에 이를 수 있기 때문이다. 그들은 우리 안에서 하느님의 것, 하늘의 것, 영원한 것이 승리하도록 우리가 힘써 투쟁하는 이 대 사순절에 우리를 격려하고 함께 동행하는 길벗들이다.

하나의 목표,
단 하나의 열망을 가지고서
순교자들은 생명의 유일한 길을 따랐나이다.
그리스도를 위해 그들은
죽음을 선택했고,
열정을 가지고 앞 다퉈 죽고자 했으니,
그들에게 형벌은 보물이 되었나이다. …

(대 사순절 넷째 주간 목요일 조과 아뽀스띠하)

믿음의 갑옷으로 자랑스럽게 무장하고,
무기로는 십자가의 상징을 들고,
당신들은 듬직한 군사로 나타나셨나이다.
폭군들에게 품위있게 저항했고,
악마의 거짓말을 혁파하여,
당신들은 승리자의 화관을 쓸 자격을 얻었나이다.
하오니 그리스도 곁에서
우리 영혼 구원을 위해 중보하소서.

(대 사순절 둘째 주간 목요일 조과 아뽀스띠하)

사십일 동안 이 대 사순절 시기의 모든 성가체계가 궁극적인 지향점으로 삼고 있는 것은 그리스도의 십자가와 그분의 부활이며 부활절의 빛나는 기쁨이다. 이 성가체계는 그 길이 아무리 험난하고 좁다 해도 결국은 우리를 그리스도의 식탁으로, 그분의 왕국으로 인도할 것임을 우리에게 끊임없이 상기시킨다. 이미 언급했듯이, 부활의 기쁨에 대한 기다림과 미리 맛봄은 대 사순절 전체에 스며있으며 우리의 모든 노력에 참된 동기가 되어준다.

나의 구세주 나의 하느님이여,
이 금식 기간을 끝까지
거룩하게 지켜나갈 수 있도록 힘을 주소서. …
구원의 빠스까를 성취하여
당신의 신성한 부활을 경배하게 하소서.

(유식주일 조과 엑사뽀스띨라리온)

영적 투쟁에 우리 자신을 다 바침으로써
이 빛나는 대 사순절의 시간을 시작합시다.
우리 영혼을 성화하고 우리 육신을 정화합시다. …
우리 하느님 그리스도의 수난과
그분의 거룩한 부활의 환희를 보기에 합당한 자가 됩시다.

(유식주일 만과 스티히라)

태양 빛보다 더욱 빛나는

대 사순절의 은총이 찬란하게 빛나는도다.

그 은총은 모든 이에게 십자가의 빛줄기,

경배하올 수난의 광채,

부활과 구원의 날의 찬란함을 예고하는도다.

(대 사순절 첫째주간 수요일 조과 까논 9오디)

『뜨리오디온』! 얼마나 알려지지 않고 소홀히 취급되는 책인가! 만약 우리가 바로 이『뜨리오디온』안에서 대 사순절 뿐만 아니라 정교 신앙 그 자체, 삶과 죽음과 영원에 대한 정교 신앙의 '빠스까' 적인 전망을 우리의 것으로 재발견할 수 있고 재생시킬 수 있음을 이해하기만 한다면 얼마나 좋겠는가?

III

미리 축성된 성찬예배[22]

---

22) 미리 축성된 성찬예배에 대해서는 다음을 보라. D. N. Moraitis, *Ἡ Λειτουργία τῶν Προηγιασμένων* (미리 축성된 성찬예배), 그리스어 (Thessalonica: 1955); P. N. Trempela, *Αἱ τρεῖς Λειτουργίαι* (세 가지 성찬예배), 그리스어 (Athens: 1935); V. Jameras, "La partie vesperale de la liturgie byzantine des Présanctifiés," *Orientalia Christiana Periodica*, 30 (1964), pp. 193-222; H. Engberding, "Zur Geschichte der Liturgie der vorgeweihten Gaben," *Ostkirchliche Studien*, 13 (1964), pp. 310-314. 또한 다음을 참고하라. H. W. Codrington, "The Syrian Liturgy of the Presanctified," *Journal of Theological Studies*, IV (1903), pp. 69-81, 및 V (1904), pp. 369-377, 535-545; J. Ziade in *Diction. de Théol. Catholique*, 13, 77-111; H. Leclerq in *Dict. d'Arch. chrét. et Liturgie*, XI, 770-771; I. M. Hanssens, *Institutiones Liturgicae De Ritibus Orientalibus* (Rome; 1930), pp. 86-121.

성찬 교제의 두 가지 의미

대 사순절과 관련된 모든 전례 규칙들 중에서 특별히 대 사순절을 이해함에 있어서 결정적인 중요성을 가진 것이 있는데 그것은 특별히 정교 신앙에 고유한 것으로서 정교회의 전례 전통에 입문하는 열쇠와 같은 것이다. 이 규칙은 바로 거룩한 성찬예배가 대 사순절의 평일에는 절대 거행되지 않는다는 것이다. 전례 규칙서는 이 점에 있어서 명확하다. 어떠한 경우에도 대 사순절의 월요일부터 금요일까지는 거룩한 성찬예배를 절대 거행할 수 없다고 못 박는다. 유일한 예외가 있다면 성모희보 축일이다. 그럼에도 불구하고 수요일과 금요일에는 성찬 교제를 위한 예식이 저녁에 거행되도록 지시되어있는데, 우리는 이 예식을 '미리 축성된 성찬예배'라고 부른다.[23]

이 규칙의 의미는 그동안 너무나 철저하게 잊혀졌기에, 많은 지역 성당들에서는(특별히 오랫동안 라틴 서방 교회의 영향에 노출되었던 지역의 성당들에서) 아무렇지도 않게 이 규칙을 따르지 않고 있으며 '개인적인' 혹은 '추도의 의미를 띤' 매일 성찬 전례라는 지극히 라틴적인 관행들이 대

---

[23] 예전에 미리 축성된 성찬예배는 대 사순절 기간 동안 평일에 매일 거행되었다. (참고, Moraitis, op. cit., pp.29-33)

사순절 내내 실행되고 있다. 하지만 이 규칙이 준수될 때조차도 우리는 '전례 규칙서'에 대한 형식적인 준수 이상으로 나아가려 하지도, 그 영적 의미와 대 사순절의 심오한 '논리'를 이해하려 하지도 않는다. 따라서 이 규칙의 의미를 보다 구체적으로 살펴보는 것은 매우 중요하다. 이 규칙은 비단 대 사순절의 틀에 머물지 않고 정교회 전례 전통 전체에 대한 이해에 빛을 던져 주기 때문이다.

한마디로 말하자면, 우리는 이 규칙에서 가장 근본적인 전례 원칙의 표현과 그 확장을 발견한다. 그 원칙은 감사의 성찬예배와 금식이 양립할 수 없다는 원칙이다. 그러나 이 원칙을 이해하기 위해서는 금식이 아니라 감사의 성찬예배에 대한 이해를 출발점으로 삼아야 한다. 바로 이 점에 있어서 정교회 전통은 가톨릭교회의 성찬예배 신학이나 예배 관습과 근본적으로 구별된다. 정교회 전통에서 감사의 성찬예배는 언제나 기쁨이 넘치는 축제라는 특징을 보존해 왔다. 그것은 무엇보다도 먼저 그리스도의 강림을 드러내는 성사요, 제자들과 함께 계시는 그분의 현존의 성사요, 아주 실제적인 의미에서 그리스도의 부활을 경축하는 성사이다. 진실로, 교회에 그리스도의 부활의 '증거'가 있다면 그것은 바로 성찬 안에서의 그리스도의 강림과 현존이다. 그것은 엠마오로 가던 제자들이 그리스도께서 빵을 떼시는 것과 동시에 자신이 누구인지를 드러내시던 순간 느꼈던 마음의 기쁨과 뜨거움이다.(루가 24장13-35절) 이 기쁨과 뜨거운 감격은 교회에서 부활에 대한 '경험적이고' '실존적인' 앎의 영원한 원천이다. 사실 아무도 부활을 보지 못했다. 그럼에도 제자들은 그것을 믿었다. 그것은 누가 그들에게 그것을 가르쳐주어서 그런 것이 아니었다. 그것은 "문들이 굳게 닫혀 있었는데도" 그리스도께서는 제자들 가운데 나타나시어 함께 식사를 나누셨고, 이로써 제자들은 부활하신 그리스도를 볼 수 있었기 때문이었다.

성찬예배는 언제나 이와 동일한 주님의 오심과 현존이고, 이와 동일한 기쁨이요 마음의 "뜨거워짐"이며, 부활하신 주님께서 빵을 떼어 나누심으로써 자신을 알게 하셨다고 하는, 이성을 초월한 절대적인 확신이다. 이 기쁨은 너무도 컸기에 초대교회에 있어서 이 성찬예배의 날은 다른 여러 날들 중의 하나가 아니라, '주님의 날'[24]이요, 시간을 초월하는 날이었다. 왜냐하면 성찬 안에서 하느님 나라는 이미 도래했기 때문이다. 마지막 만찬에서 그리스도께서는 친히 제자들에게 말씀하시길, "내 아버지께서 나에게 왕권을 주신 것처럼 나도 너희에게 왕권을 주겠다. 너희는 내 나라에서 내 식탁에 앉아 먹고 마시며 옥좌에 앉아 이스라엘의 열두 지파를 심판하게 될 것이다"(루가 22장 28-30절)라고 하셨다. 성찬예배는 부활하신 주님의 현존이기에, 성령 안에서 누리는 기쁨과 평화로 드러나는 하느님 나라에 참여하는 것이기도 하다. 성체성혈을 받는 것은 "불멸의 양식"과 "천상의 빵"을 받는 것이고 거룩한 식탁에 참여하는 것이며, 진정으로 하늘로 올라가는 것이다.

이렇게 성찬예배는 교회의 축제, 아니 축제로서의 교회, 그리스도의 현존 안에서 누리는 환희, 하느님 나라의 영원한 기쁨이다. 교회가 성찬예배를 거행할 때마다 교회는 '본향'에, 하늘에 있는 것이다. 교회는 우리로 하여금 "그리스도의 나라에서 그분의 식탁에 앉아 먹고 마실 수 있도록 하기 위해", 그리스도께서 올라가신 그 곳으로 올라간다. 이제

---

24) 주님의 날(혹은 주일) : 주님께서는 금요일 십자가의 수난과 죽으심이 있은 후 삼 일만인 일요일 새벽에 부활하셨음으로 일요일은 부활을 경축하는 날이 되었고, 주님의 날로 선포되고 기념되어왔다.

우리는 왜 성찬예배가 금식과 양립할 수 없는 것인지를 이해할 수 있게 되었다. 금식은 순례자로서의, 천상의 나라를 향한 도상의 존재로서의 교회를 가장 잘 표현해주는 것이기 때문이다. 그리스도께서 말씀하신다. "잔치에 온 신랑의 친구들이(하느님 나라의 자녀들이) 신랑과 함께 있는 동안에야 어떻게 슬퍼할 수 있겠느냐? 그러나 곧 신랑을 빼앗길 날이 올 터인데 그 때에 가서는 그들도 단식할 것이다."(마태오 9장15절)

그렇다면 이런 질문을 할 수 있을 것이다. 그러면 왜 금식기간임에도 불구하고 '미리 축성된 성찬예배'를 통해서 성체성혈을 받게 하는 것인가? 이것은 위에서 언급한 원칙과 배치되지 않는가? 이런 질문에 대답하기 위해 우리는 정교 신앙이 성찬을 이해하는 두 번째 측면을 살펴보아야 한다. 그것은 성찬이 우리 자신의 영적인 분투들을 지탱해주는 원천과 힘이라는 것에서 찾아진다. 우리가 이미 살펴보았듯이 거룩한 성찬 교제는 우리의 모든 노력들의 귀착점이요, 우리가 도달하고자 안간힘을 쓰는 목표요, 그리스도교적인 삶의 최고 기쁨이지만, 그것은 또한 필연적으로 우리 자신의 영적 분투의 원천이요 시발점이며, 하느님 나라의 '광명의 날'에 누리게 될 보다 완전한 교제를 우리로 하여금 알게 하고 열망하게 하고 그것을 향해 나아가게 하는 하느님의 선물(은총)이기도 하다는 것이다.

왜냐하면 하느님 나라는 비록 이미 임했고, 교회 안에 도래했지만 그것은 또한 아직 그 완성과 온전한 성취가 이루어질 마지막 때, 하느님께서 만물을 자신으로 충만하게 채우실 때를 기다려야 하기 때문이다. 우리는 하느님 나라를 알고 있고, 선취를 통해서 그것에 참여하고 있고, 앞으로 다가올 그 하느님 나라를 지금 맛본다. 우리는 미리 그 나라의 영광과 지복을 보고 음미한다. 하지만 우리는 아직 땅 위에 있고, 우리의 지상적 실존 전체는 궁극적인 주님의 날을 향해 나아가는 길고도 고통스러운 여행이다. 이 여행 중에 우리는 도움과 지원을 필요로 한다. 힘과 격려가 필요하다. "이 세상의 왕"은 아직 항복하지 않았다. 그와는 반대로 그는 그리스도에게 패퇴하였음을 알기 때문에 그가 할 수 있는 한 최대한 많은 것을 빼앗아 오기 위해 하느님에 맞서서 가장 격렬한 최후의 전쟁을 시작했다. 이 싸움은 너무도 치열하고, "지옥의 문들"은 너무도 강력하기에 그리스도께서도 우리에게 "좁은 문"에 대해서 말씀하신 것이고, 자기를 따를 수 있는 사람이 정말 많지 않을 것이라고 말씀하신 것이다. 이 전쟁에서, 우리의 가장 중요한 힘은 그리스도의 몸과 피이고, 우리를 영적으로 살아있게 지켜주는 이 "본질적 양식"이야말로 모든 유혹과 위험에도 불구하고 우리를 그리스도의 제자들로 만들어 준다. 그래서 우리는 성찬 교제에 참여한 후 다음과 같이 기도하는 것이다.

"… 내가 이 성찬을 받음으로써 내 영혼과 몸이 깨끗해지고 나쁜 것을 멀리하고 내 마음의 눈이 떠지고 내 영혼이 평화로워지고 내가 남부끄럽지 않은 믿음을 갖게 되고 꾸밈없는 사랑을 갖게 되고 지혜가 넘치고 당신의 계명을 지키고 신성한 당신의 은총을 받고 당신의 왕국을 상속받을 수 있게 하소서. …"

"… 창조주시여, 나를 소멸시키지 마옵시고, 오히려 내 몸의 지체들 속으로, 내 몸의 혈관 속으로, 내 마음 속으로 들어가시옵소서. … 그리하여 모든 악한 것들과 모든 육적인 욕망들이 마치 불에 타 없어지듯 내게서 멀리 떠나가게 하시고, 나는 오직 이 성체성혈을 받아 모심으로써 당신의 장막이 되게 하소서. …"

(영성체 후에 드리는 감사 기도문 중에서)

대 사순절과 금식이 이 투쟁의 강화를 목표로 삼는 것은 복음경에서 말하듯이 우리가 악한 마귀와 그 권세들에 맞서고 있기 때문이다. 그러므로 우리는 특별히 이 하느님의 불꽃에서 나오는 도움과 힘을 필요로 한다. 바로 이러한 필요로부터 대 사순절의 특별한 성찬 교제, 즉 직전 주일의 성찬 전례 때 축성되어 제단에 보관되어 있다가 수요일과 금요일 저녁에 베풀어지는 '미리 축성된 성찬예배'가 생겨난 것이다.

금식이 요구되는 날들에는 결코 성찬예배가 거행되지 않는다. 왜냐하면 그것은 기쁨의 행위이기 때문이다. 하지만 교회에는 성찬예배의 결실들이 늘 현존한다. 눈으로 볼 수 있었던 그리스도께서는 하늘에 오르셨지만 또한 그분은 언제나 보이지 않는 방식으로 세상에 현존하시기에, 또 일 년에 한 번 기념되는 부활절이 교회의 모든 삶을 그 빛으로 비춰주기에, 다가올 하느님 나라는 이미 성찬예배를 통해서 우리 가운데 있다. 성사와 하느님 나라의 경축으로서, 또 교회의 축제로서의 성찬예배는 금식과 양립할 수 없고 그래서 대 사순절 기간에는 거행되지 않는다. 그러나 이 세상에 베풀어지는 하느님 나라의 은총과 권능으로서, 또 우리에게 "본질적인 양식"을 제공해주는 것으로서, 우리의 영적 투쟁의 무기로서의 성찬예배는 금식행위의 중심에 위치해 있다. 그것은 그야말로 하늘에서 내려오는 만나로 대 사순절이라는 광야를 여행하는 우리를 살아있도록 지켜준다.

금식의 두 가지 의미

여기서 하나의 질문이 제기된다. 성찬예배가 금식과 양립할 수 없다면, 왜 대 사순절의 토요일과 일요일에는 성찬예배가 거행되게 하는가? 이것은 금식을 중단시키는 것이 아닌가? 교회법은 여기서 서로 모순되는 것처럼 보인다.[25] 어떤 사람들은 일요일에 금식하는 것을 금지하고, 다른 이들은 40일 동안 어떤 경우에도 금식을 중단하는 것을 금지한다. 그렇지만 이 모순은 겉모습에 불과하다. 왜냐하면 서로를 배제하는 듯한 이 두 규범은 '금식'이라는 용어의 서로 다른 두 가지 의미에 각각 근거하고 있기 때문이다. 그러므로 이것을 이해하는 것은 아주 중요하다. 바로 여기서 우리의 모든 영적 노력에 있어서 핵심이 되는 정교 신앙의 금식 '철학'이 발견되기 때문이다.

실제로 금식에는 두 가지 방식이 있는데, 그것들은 성경과 전통에 뿌

---

25) 「사도 규범」 66조 : "만일 성직자가 오직 단 하나의 유일한 날(성 대 토요일)을 제외하고 일요일이나 토요일에 금식을 한다면, 그는 파면될 것이다. 만일 평신도가 그렇게 한다면, 그는 출교될 것이다." (참고 「트룰로(In Trullo) 공의회」 55, 56조 ; 「강그라(Gangra) 공의회」 18조 ; 「알렉산드리아의 베드로」 15조.) 하지만 「트룰로 공의회」 56조는 이렇다 : "우리는 또한 아르메니아 사람들과 다른 지역에서는 대 사순절의 토요일과 일요일에 일부 사람들이 계란과 치즈를 먹는다는 것을 알고 있다. 그래서 우리는 또한 전 세계에 흩어져 있는 하느님의 교회가 하나의 방침을 좇아 금식을 행함이 마땅하다고 선언함이 가장 바람직하다고 본다. …"

리를 두고 있으며, 서로 구별되는 두 가지 필요, 인간의 두 가지 상태에 각각 조응한다. 첫 번째는 '완전한 금식'이라 불릴 수 있다. 왜냐하면 그것은 음식과 음료를 하나도 섭취하지 않는 것이기 때문이다. 두 번째 유형의 금식은 '금욕적 금식'이라고 정의될 수 있는데, 그것은 특정한 음식을 절제하고 음식 섭취량을 실제적으로 감량하는 것이기 때문이다. 완전한 금식은 그 본질상 기간이 짧아 일반적으로는 하루 혹은 한나절로 제한된다. 그리스도교 초기부터 그것은 어떤 준비 혹은 기다림의 상태, 다가올 것에 대한 영적인 집중의 상태로 이해되었다. 육체적인 배고픔은 완성에 대한 영적인 기다림, 다가오는 기쁨을 향한 전 존재의 열림과 조응한다. 그래서 교회의 전례 전통에서 우리는 이 완전한 금식을 성탄대축일 전야, 혹은 신현대축일 전야와 같이 대 축일이나 어떤 결정적인 영적 사건에 대한 최종적이고 최상의 준비로서 발견하게 된다. 특별히 메시아 잔치, 하느님 나라에서 베풀어질 그리스도의 식탁에 참여하기 위한 성찬 준비 금식 또한 이 완전한 금식이다. 우리의 준비에 걸맞는 이 완전한 금식은 역설적이게도 우리를 영적으로 튼튼하게 세워주는 본질적인 양식이 된다. 성찬예배에는 언제나 이 완전한 금식이 선행한다. 물론 그 기간은 다양하지만, 교회는 그것을 거룩한 성찬 교제의 필수적인 조건으로 강조한다.

많은 사람들이 이 규범을 오해한다. 그들은 여기서 구시대적 계명 이상의 것을 보지 못한다. 그래서 과연 성체성혈을 받기 위해 뱃속을 비워야 할 필요성이 있는가 하고 자문한다. 만약 우리가 이 규범을 그러한 물질적이고 천박한 생리석 의미로 죽소해버릴 경우, 또 그것을 그저 단순한 규율로 간주할 경우, 금식은 자연스럽게 그 의미를 잃어버린다. 그렇기 때문에, 오래 전부터 금식의 영적인 개념을 단순한 법적 개념으로 대체해 버린 로마 가톨릭 교회가 오늘날 성찬 준비 금식을 실제적인 면에서 폐지해버렸다는 것은 조금도 놀랄 일이 아니다. 그럼에도 불구하고 참된 의미에서 완전한 금식은 교회가 경험하는 준비와 완성 과정의 주된 표현이다. 왜냐하면 그것은 '이 세상'에서 그리스도를 기다리는 것임과 동시에 이 세상이 '다가올 세상' 안으로 돌입하는 것이기 때문이다. 우리는 여기에 초대교회에서는 이 완전한 금식이 군사적 용어에서 차용된 이름을 갖고 있었다는 점을 추가할 수 있다. 그것은 '정지'라는 용어로 표현되었는데, 이 용어는 군사집단을 비상경계와 동원령의 상태로 돌입하게 하는 용어였다. 교회는 '파수꾼처럼' 신랑을 기다린다. 긴박함과 기쁨 안에서 신랑을 기다리는 것이다. 이렇게 완전한 금식은 단지 교회 신자들이 지키는 금식에 머물지 않는다. 그것은 '금식'으로서의, 성찬 안에서 교회에 다가오고 세상 끝날 영광 속에 다시 오실 그리스도에 대한 기다림으로서의 교회 그 자체라 할 것이다.

'금욕적'이라고 규정한 두 번째 유형의 금식이 가지는 영적인 의미는 완전히 다르다. 여기서 금식의 목적은 인간을 육체의 무절제한 지배권으로부터 해방시키는 것이다. 이 육체의 지배는 영이 몸과 몸의 욕구들에 양보할 때 확립되는 것으로 인간의 죄와 최초의 타락이 가져온 비극적 결과이다. 인간이 단지 빵으로만 살지 않는다는 것을 발견하고, 자기 안에서 영의 우위성을 다시금 회복하는 것은 오직 긴긴 인고의 노력을 통해서만 가능하다. 그것은 필연적으로 또 그 본성상 길고도 지속적인 노력이다. 시간이라는 요소는 본질적이다. 인간이 마침내 자신의 정상적인 상태라고 간주하고만 이 공통되고 보편적인 질병을 뿌리 뽑고 치유하기 위해서는 시간이 필요하기 때문이다. 금욕적 금식의 기법은 오랜 수도원 전통 안에서 정교해지고 완전해졌다. 그리고 그것은 교회 전체에 의해 수용되었다. 그것은 인간을 종으로 만들어 버리는 악마적 권세들은 오직 "기도와 금식"을 통해서만 정복될 수 있다는 그리스도의 말씀을 사람에게 적용한 것이다. 그것은 또한 그리스도 자신을 모범으로 삼는다. 그리스도께서는 40일 동안 금식하셨고, 이어서 사탄과 대면하였으며, 이 대면에서 이 지상 음식에 대한 인간의 종속을 혁파하셨으며, 이리하여 인간의 해방을 개시하셨다.

교회는 이 금욕적 금식을 위해 네 개의 기간을 따로 정해 놓았다. 주님의 부활 축일, 주님의 탄생 축일, 베드로와 바울로 성인의 축일 그리고 성모 안식 축일에 앞서는 기간이 바로 그것이다. 일 년에 네 번, 이 금식기간은 우리로 하여금 금식을 통한 이 거룩한 치료법을 통해서 우리 자신을 정화하고 우리 자신을 육체의 지배로부터 해방시키도록 초대한다. 매번, 금식의 성공은 구체적으로 근본적인 몇몇 규칙들의 적용에 의존한다. 이 규칙들 중에 가장 핵심이 되는 것은 금식을 중도에 멈추지 않는 것, 즉 시간 속에서의 금식의 연속성이다.

금식의 이 두 가지 유형의 구별은 우리로 하여금 금식을 규정하는 교회법들 사이의 표면상의 모순을 이해할 수 있도록 도와준다. 주일에 금식을 금지하는 교회법은 문자적으로 이 날(일요일) 금식은 무엇보다도 먼저 우리의 기다림을 온전히 만족시켜주는 성찬에 의해 중지된다. 이 기다림은 모든 금식의 목적임과 동시에 끝이다. 이것은 다른 말로 하면 주일은 하느님 나리의 날을 향한 순례와 여행이라는 특징을 두드러지게 보여주는 이 대 사순절 기간에 속하지 않는다는 것을 의미한다. 이렇게 주일은 금식의 날이 아니라 영적인 기쁨의 날이다.

하지만 성찬이 '완전한 금식'을 중단시킬지라도, 이미 설명한 바와 같이 그 본성상 노력의 '연속성'을 요구하는 '금욕적 금식'까지 중단시키지는 않는다. 다시 말해 대 사순절 기간 동안 구체적으로 고기와 기름을 금지하는 금욕적 금식의 음식 규정들은 주일에도 여전히 유효하다. 하지만 이것은 단지 금욕적 금식의 '정신-신체적' 특징 때문일 뿐이다. 왜냐하면 교회는 만약 우리가 몸을 다스리길 원한다면 그것을 오랫동안 끈기 있게 절제의 훈련에 종속시켜야 함을 알기 때문이다. 예를 들어 러시아에서 수도사들은 절대 고기를 먹지 않는다. 하지만 이것은 그들이 부활축일이나 다른 대 축일에도 금식한다는 것을 의미하지는 않는다. 금욕적 금식의 어떤 수준까지는 그리스도교적 삶 그 자체에 귀속되는 것이고, 그리하여 모든 그리스도인들은 그것을 지켜야 한다고 말할 수 있다. 하지만 안타깝게도 부활 축일에는 지나치게 먹고 마시는 것이 마치 의무나 되는 것처럼 생각하는 것이 너무나도 일반적으로 퍼져있다는 사실은 참된 부활 축일의 정신에 대한 슬프고도 쓰디쓴 풍자가 아닐 수 없다. 몇몇 교회들에서는 신자들이 부활 축일에 거룩한 성찬 교제에 참여하고자 하는 열망을 거의 가지고 있지 않는 듯한데 이는 참으로 비극이 아닐 수 없다. 그들은 분명 성 요한 크리소스톰의 아름다운 부활 축일 설교를 들었을 것이다. "식탁은 풍성하게 차려져 있습니다. 여러분은 당당히 식탁에 앉아 음식을 드십시오. 살찐 송아지가 장만되었으니, 아무도 주린 배로 돌아가지 마십시오." 그들은 이 설교를 단지 부활 축일의 성대한 잔치상에 차려진 풍성한 음식에만 적용시킨다. 축일은 하나의 영적인 현실이다. 축일이 합당하게 기념되려면 금식 못지않게 영적인 소박함과 묵상이 필요하다.

그러므로 대 사순절의 주일에 계속해서 몇몇 음식들을 절제하라는 교회의 요구와 성찬이 집전되는 날에 금식하는 것은 잘못된 것이라는 교회의 판단 사이에는 아무런 모순도 존재하지 않는다는 것을 잘 이해할 필요가 있다. 또한 이 두 가지 규범을 따름으로써, 또 준비와 완성이라는 성찬예배의 흐름과 "영혼을 구원하는 40일"의 지속적인 노력을 동시에 유지해 나감으로써 우리가 대 사순절의 영적인 목표들에 참으로 도달할 수 있다는 것은 분명하다.

이 모든 것은 이제 대 사순절의 전례에서 특별한 위치를 차지하는 미리 축성된 성찬예배로 우리를 인도한다.

저녁에 행해지는 성찬 교제

미리 축성된 성찬예배의 으뜸되고 본질적인 특징은 그것이 '저녁 예식'[26]이라는 점이다. 이 예배는 만과에 이어 행해지는 성찬 교제 예식이다. 이 예배의 발전 과정의 첫 단계에서 그것은 오늘날과 같은 장엄함을 결여하고 있었다. 그래서 저녁예식과의 연관성은 더욱 분명했었다.

그러므로 제기되는 첫 번째 질문은 이 성찬 전례가 저녁에 거행된다는 특징과 관련된다. 정교회 전통에서 성찬예배는 항상 완전한 금식의 기간을 가진 뒤 거행되었다는 것을 우리는 이미 알고 있다. 이 일반적 원칙은 이 점에서 다른 모든 예식들과 구별되는 성찬예배가 고유하게 정해진 시간을 가지고 있지 않다는 사실을 잘 설명해준다. 왜냐하면 성찬예배 시간은 무엇보다도 그것이 거행되어야 하는 날의 특징에 의존한다. 그래서 대 축일에 대해 띠뻬콘[27]은 성찬예배를 아주 일찍 드리라고 지시한다. 왜냐하면 철야예배가 금식과 준비의 자리를 점하고 있기 때문이다. 철야예배가 없는 덜 중요한 축일들에는 성찬예배가 보다 늦

---

26) 나의 소논문을 보라 : "Fast and Liturgy", *St. Vladimir's Seminary Quarterly* (1959 : 1), pp. 2-10.
27) 역자 주) 띠뻬콘(Typicon) : 정교회의 각종 전례의 거행에 필요한 규칙들을 규정한 책.

게 거행되도록 되어있다. 그래서 적어도 이론적으로는 일주일에 하루는 성찬예배가 정오에 거행된다. 마지막으로 낮 동안 완전한 금식 혹은 금욕적 금식이 행해지는 날들에는 "금식을 중지시키는" 거룩한 성찬 교제가 저녁에 행해진다.

불행하게도 오늘날 거의 완전하게 잊혀지고 무시되는 이 모든 전례 규칙들의 의미는 아주 단순하다. 성찬예배가 언제나 어떤 준비 행위의 목적이요 기다림의 실현이라는 사실로부터, 예배 시간(카이로스)은 완전한 금식의 기간과 관련되어 있다는 것이다. 완전한 금식 기간은 밤새도록 이어지는 철야예식의 형태를 띠기도 하고, 혹은 개인적으로 준수되기도 한다. 대 사순절 동안 수요일과 금요일은 완전한 금식의 날들이기 때문에, 이 금식의 기다림을 충족시켜주는 성찬 예식은 저녁에 거행된다.

동일한 논리가 성탄대축일과 신현대축일의 철야예식에도 적용된다. 이 날들은 완전한 금식일이고 그래서 우리는 성찬예배를 만과 이후에 거행한다. 하지만 이 축일들의 전야가 정교회 전통에서 성찬예배가 거행되는 날인 토요일이거나 일요일에 떨어질 경우 완전한 금식은 금요일로 앞당겨진다.

많은 이들에게는 구시대적이어서 오늘날에는 적합하지 않은 것처럼 보이는 이 규칙들은 사실 정교회 전례 영성의 근본적인 원칙을 드러낸다. 그것은 바로 성찬예배가 항상 준비의 종착점이고, 기다림의 실현이라는 것이다. 완전한 금식과 절제의 날들이 신랑을 기다리는 교회의 가장 강렬한 표현이기에 그것들은 저녁의 성찬 교제로 보상되고 장식된다.

대 사순절의 수요일과 금요일에 교회는 해질녘까지 음식을 전혀 먹지 말 것을 명한다. 그래서 이 날들은 대 사순절의 영적 투쟁에 있어서 본질적인 영적 무기와 수단들 중의 하나인 성찬 교제의 날로 지정된다. 더욱 강화된 영적 육체적 투쟁의 날인 이 날들은 그리스도의 성체와 성혈에 참여할 것에 대한 기다림으로 빛난다. 이 기다림은 투쟁 속에 있는 우리를 영적으로나 육체적으로 지탱해주고, 이 투쟁을 저녁 성찬 교제에 대한 기쁨을 축으로 삼는 투쟁이 되게 한다. "이 산 저 산 쳐다본다. 도움이 어디에서 오는가?"(시편 121장1절)

곧 다가올 그리스도와의 만남에 비추어 볼 때, 그저 평소 하던 일들로 그냥 지나쳐 버릴 수도 있는 이 날은 아주 심각하고 중요해진다! 나의 일상들을 채우던 평범하고 무의미한 일들이, 너무 익숙해져서 조금의 주의도 기울이지 않던 일들이 전혀 새로운 의미를 얻는다! 내 모든 말과 행동, 내 정신을 스쳐간 생각은 중요하고 유일무이하고 돌이킬 수 없는 것이 된다. 그래서 어떤 것들은 그리스도에 대한 나의 기다림에 '맞추어져' 있는가 하면 또 다른 것은 그것에 대립해 있게 된다. 너무나도 쉽게 잃어버리는 시간조차도 여기서는 그 자신의 진정한 의미를 발견한다. 그것은 곧 구원 혹은 멸망의 시간이라는 것이다. 삶 전체가 그리스도께서 세상에 오신 이유와 관계된다. 우리의 삶은 그분을 향해 올라가는 것이든지, 아니면 그분을 피해 멀리 달아나 어둠과 멸망에 빠져버리든지 결국 둘 중의 하나가 될 것이다.

그러므로 금식과 대 사순절의 진정한 의미는 그 무엇보다도 이 저녁 성찬예배의 날에 가장 훌륭하게 그리고 충만하게 드러난다. 대 사순절의 의미만이 아니다. 교회와 그리스도인의 삶 전체의 의미 또한 그렇다.

그리스도 안에서는 인생 전체, 시간 전체, 역사와 우주 그 자체가 기다림이요 준비요 희망이요 상승이 되었다. 그리스도께서 오셨다. 하지만 하느님 나라는 아직 도래할 그 무엇이다! '이 세상'에서 우리는 하느님 나라의 영광과 기쁨을 다만 선취할 수 있을 뿐이다. 하지만 교회로서의 우리는 영靈으로 이 세상을 떠나서 주님의 식탁에 앉는다. 이 식탁에서 우리는 우리 마음의 비밀스런 곳에서 그분의 '창조되지 않은 빛'과 광채를 관상한다. 하지만 이 선취가 우리에게 주어진 것은 우리로 하여금 하느님 나라를 더욱 열망하고 사랑하게 하기 위함이다. 앞으로 도래할 '저녁(어둠)이 없는 영원한 낮(빛)'에 하느님과 보다 완전하게 연합하기를 갈망하게 하기 위함이다. 선취의 방식으로 하느님 나라의 평화와 기쁨을 맛본 다음에는 우리는 매번 다시 이 세상으로 돌아가고 그래서 다시 한번 좁고 험난한 긴 여정에 서게 된다. 우리는 우리를 "거룩하시고 영원하신 하느님 아버지의 화사한 빛"[28]에 참여하는 자로, 영영 끝이 없을 시작의 참여자로 만들어줄 이 세상의 저녁을 기다린다.

---

28) 역자 주) 만과 입당찬양송(입당송)의 첫 구절.

전례 규칙

초기 교회에서는 그리스도인들이 많지 않았고 아주 심각한 박해의 상황에 처해 있었기에, 주일 성찬예배 끝 무렵에 신자들에게 축성된 성체성혈을 나누어 주어서 각자가 집으로 가져가서 매일 성체성혈을 모시도록 하는 관습이 있었다. 이렇게 주님의 날(일요일)의 공동체적이고 기쁨에 찬 성찬예배는 모든 시간과 삶을 아울렀다. 하지만 이러한 관습은 교회에 신자들이 차고 넘치면서 또 그리스도교가 대중의 종교가 되어버리면서 중단되었다. 분명 이러한 변화는 불가피하게 초기 그리스도인들만의 독특한 영적 긴장감과 강렬함을 약화시켰고 따라서 교회 지도자들은 거룩한 성체성혈의 지나친 남용의 가능성에 대비한 대책을 마련해야만 했다.

서방에서는 이러한 변화가 '매일 드리는 성찬예배'의 등장을 가져왔다. 이것은 서방의 전례 전통과 신앙 전통의 주된 특징 중 하나이다. 하지만 이것은 또한 성찬예배에 대한 이해 그 자체에 있어서 아주 중대한 변화가 일어나는 시발점이기도 하다. 성찬예배가 교회의 축제이기를 그치고 단지 매일 예식 주기의 한 부분이 되어버림으로써 '축제'로서의 특징을 잃어버리자, 소위 '사적인' 미사(private Mass, 혹은 평미사)에 문이

활짝 열리게 되었고, 이 사적인 미사는 점점 더 전례의 다른 모든 요소들까지도 변질시켜버렸다.

하지만 동방에서는 성찬예배가 종말론적이고 하느님 나라에 초점을 두며 그래서 기쁨의 성사일 수밖에 없다는 본래의 의미를 결코 포기하지 않았다. 오늘날까지도 거룩한 성찬 전례는 매일 예식 주기의 단순한 한 부분이 아니다. 적어도 이론상으로는 말이다. 성찬예배를 거행하는 것은 언제나 하나의 축제이며, 성찬예배가 거행되는 날은 언제나 주님의 날을 기억나게 하는 영적 분위기를 갖는다. 이미 수없이 강조했듯이, 성찬예배는 금식과 양립할 수 없으며 그래서 대 사순절의 평일에는 거행되지 않는다.

이렇듯, 자기 집에서 매일 성체성혈을 모시는 관습이 사라졌음에도 동방에서는 그것이 성찬예배를 매일 거행하는 관습으로 대체되지 않았다. 대신 그것은 새로운 형식의 성체성혈성사를 낳았다. 새로운 형식은 바로 주일에 축제처럼 성찬예배를 거행한 후 축성된 성체성혈을 평일까지 보존해 두었다가 받아 모시는 방식이었다. 처음에는 미리 축성된 성찬예배가 대 사순절에만 국한된 것이 아니라 교회가 금식을 명한 모든 기간에 공통된 것이었을 가능성이 크다. 하지만 크고 작은 축일들의 숫자가 늘어나고 성찬예배가 보다 빈번하게 거행되자 미리 축성된 성찬예배는 대 사순절 전례의 특징적인 요소가 되었고, 앞에서 말한 바와 같이 '기쁨어린 슬픔'이라는 대 사순절 전례의 고유한 영성의 영향 아래 그것은 조금씩 대 사순절 기도의 영적인 절정으로서의 독특한 아름다움과 장엄함을 얻게 되었다.

예식은 대 만과로 시작되는데, 예식을 시작하는 영광송부터가 이미

'성찬적'이다. "성부와 성자와 성령의 나라가 이제와 항상 대대로 찬미되시도다!" 영광송은 이 예배 전체를 하느님 나라의 전망 안에 놓으며, 이 하느님 나라는 대 사순절과 금식의 영적인 전망이다. 평상시처럼 시편 104편 "내 영혼아 주님을 찬미하여라…"가 봉독되고 대 연도가 이어지고 '시편 까띠스마 18'이 읽혀진다. 이 까띠스마는 대 사순절 내내 주중 평일 만과에 읽도록 정해졌다. 그것은 시편 120편에서부터 134편까지를 포함하는 것으로 소위 '예루살렘을 향해 올라가며 드리는 시편들'이라 불린다. 그것들은 예루살렘 성전을 향해 올라갈 때 불린 행진 찬송이며 예배를 위해 모이고 하느님을 만나기 위해 준비하는 백성들의 노래였다.

주님 집에 가자 할 때,
나는 몹시도 기뻤다.

(시편 122편 1절)

주님을 섬기는 사람들아,
주님의 집에서 밤 새워 모시는 사람들아,
모두들 주님을 찬양하여라.
성전을 향하여 손을 쳐들고
주님을 찬양하여라."
하늘과 땅을 만드신 주님께서
시온에서 내리시는 복을 받아라.

(시편 134편)

이 시편들을 읽는 동안 집전자는 직전 주일에 축성되어 보관된 빵을 들어 성반 위에 놓고 제단 위에 놓인 이 성반을 예비 제단으로 옮긴 후 성작에 포도주를 붓고 보통 성찬예배가 거행되기 전에 그렇게 하듯이 이 봉헌된 빵과 포도주를 담고 있는 성반과 성작을 성보로 덮는다. 사제는 이 모든 것을 아무 말도 없이 침묵 가운데 행한다는 점을 주목해야 한다. 이 규칙은 이 행위들이 순전히 실무적인 차원의 것이라는 점을 강조한다. 왜냐하면 실제의 성찬 전례 기도는 주일 성찬예배에서 이미 다 드려졌기 때문이다.

"거룩하시고 영원하신 하느님 아버지의 화사한 빛…"으로 시작되는 저녁 찬양과 함께 입당이 이루어진 후 구약성경의 창세기와 잠언 말씀이 봉독된다. 이 봉독은 특별히 대 사순절이 세례예비자의 세례 준비를 위한 기간이었던 시대로 우리를 인도하는 하나의 특별한 예식을 동반한다. 창세기의 말씀이 봉독되는 동안 복음경과 제단 위에 촛불을 켜놓았다가 봉독이 끝나면 사제가 이 촛불과 향로를 들고 "그리스도의 빛이 모든 이에게 비칠지어다!"라고 외치며 회중을 축복한다. 촛불은 세상의 빛이신 그리스도에 대한 전례적 상징물이다. 구약 성경이 봉독되는 동안 복음경 위에 촛불을 켜놓는 것은 모든 예언이 그리스도 안에서 성취되었으며 그리스도께서는 제자들의 영을 열어주시어 구약 성경의 모든 말씀들을 이해할 수 있게 해주셨다는 것을 의미한다. 대 사순절이 세례성사로 귀결되듯이 구약 성경은 그리스도에게로 귀결된다. 세례의 빛은 세례예비자를 그리스도와 연합시켜 그리스도의 가르침을 이해할 수 있도록 그들의 영을 열어줄 것이다.

구약 성경의 두 번째 봉독이 끝난 다음에는 저녁 시편(140편)의 다섯

절로 된 성가를 부르게 되어 있는데, 이것은 2절의 "나의 기도 분향으로 받아 주시고 …"로 시작된다. 이 시편은 이미 입당 전에 원래의 순서에서 불린 것이기에 우리는 왜 이 시편 구절들을 다시 한번 반복해서 불러야 하는지 묻지 않을 수 없다. 우리는 몇몇 근거들로부터 이 전례 요소가 미리 축성된 성찬예배의 초기 발전 단계로 거슬러 올라간다는 사실을 추론할 수 있다. 아마도 이 구절들은 이 전례가 오늘날과 같이 복잡하고 장엄한 형태를 갖추지 않았고 단지 성체성혈을 베푸는 것으로 국한되었던 시기에 영성체송으로 불렸던 것 같다. 하지만 오늘날 이 성가는 고유한 의미에서 미리 축성된 성찬예배라고 할 수 있는 전례의 두 번째 부분을 열어주는 매우 아름다운 참회의 성가로 자리 잡았다.

전례의 두 번째 부분은 세례자들의 전례로, 세례를 준비하는 이들을 위한 특별한 간구와 연도로 시작된다. 대 사순절 정중일[29]부터는 이 기도에 "그리스도의 빛을 받을 준비가 된 이들…"로 시작되는 또 다른 기도가 덧붙여진다. 이 점에서도 다시 한번 대 사순절이 세례와 부활을 준비하는 기간이라는 본래의 특징이 잘 드러난다.

세례예비자들을 내보낸 뒤, 두 가지 기도가 '세례자들의 전례'를 연다. 첫 번째 기도에서는 우리 영혼과 몸과 감각의 정화를 빈다.

위대하시고 존귀하신 하느님, 주님은 생명을 주시는 그리스도의 죽음으로 썩어 없어질 우리를 불멸하게 하셨으니, 우리의 오관을 죽음의 인욕에서 해방하시고, 우리의 이성이 내심에 깃든 것을 이해하는 좋은 안내자가

---

[29] 역자 주: '대 사순절 정중일'(正中日, Mid-Lent) : 대 사순절 제3주일 십자가 경배 주일에 이어지는 대 사순절 제4주간 수요일로 대 사순절 한가운데에 위치한 날이다.

되게 하소서. 우리의 눈이 온갖 사악한 것을 보지 않게 하시고, 우리의 귀가 나태한 말들을 가까이하지 않게 하시며, 우리의 혀가 부당한 말을 하지 못하게 하소서. 주님이시여, 우리의 입술을 정결케 하여 주를 찬양하게 하시고 우리의 손이 야비한 일을 저지르지 않고 오직 주님께 기쁨만을 드리게 하시며, 주님의 은총으로 우리의 지체와 마음을 굳세게 하소서.

두 번째 기도와 함께 우리는 미리 축성된 성체성혈의 입당을 준비한다.

거룩하시고 지극히 선하신 주여, 자비가 지극하신 주께 비오니 죄인인 우리를 인자하게 살피시어 우리로 하여금 영광의 왕이시며 하느님 아버지의 외아들이신 우리 하느님을 받아 모시게 하소서. 보소서. 주의 하자없는 성체와 고귀한 성혈이 바로 이 순간에 수많은 천상군대의 보이지 않는 호위를 받으며 들어오시어, 이 신비의 식탁 위에 자리잡으시나이다. 비오니 우리로 하여금 합당하게 이 성체와 성혈을 받아 모시어, 이로써 우리 마음의 눈이 빛을 받아 낮과 밤의 자녀들이 되게 하소서.

이윽고 전례 전체에서 가장 엄숙한 순간이 온다. 거룩한 성체성혈을 제단에 옮겨놓는 입당 의식이 그것이다. 이 입당 의식은 일견 성찬예배의 대 입당과 흡사하다. 하지만 그 전례적 의미는 분명 완전히 다르다. 성찬예배에서 이 대 입당의 순간에 행해지는 것은 봉헌물(아직 축성되기 이전의 빵과 포도주)의 행렬이나. 교회는 자신을 바친다. 자신의 생명과 그 지체들의 생명을 바친다. 진실로 그것은 하느님께 제물로 바쳐진 피조

세계 전체이다. 그리스도의 충만하고도 완전하며 유일한 희생의 현실화이다. 그리스도를 기념하면서 교회는 그리스도께서 구속하고 구원하시기 위해 짊어지신 모든 이의 생명을 기념한다. 반대로 '미리 축성된 성찬예배'에서는 봉헌도, 희생도, 감사기도도, 축성도 없다. 여기서 드러나고 현현하는 것은 바로 교회 안에 계시는 그리스도 현존의 신비이다.

여기서 라틴적 관습과는 달리 정교 전례 전통은 성체성혈 교부 외에 '성체성혈에 대한 경배'(adoration of the Eucharistic Gifts, 성체조배) 의식이 없다는 사실을 주목할 필요가 있다. 하지만 병자들이나 그 밖의 위급한 상황을 위해 축성된 성체성혈을 '거룩하게 보관하는 것'은 정교회 안에서 단 한 번도 문제시되지 않은 자연스런 전통이다. 초기 교회에는 개인적으로 자기 집에서 영성체를 하는 관습이 존재했었다는 것을 우리는 이미 언급한 바 있다. 그러므로 우리는 거룩한 성체성혈의 항상적인 현존의 전통은 가지고 있지만 그것들을 경배하는 전통은 가지고 있지 않다. 이 두 가지 태도를 동시에 유지함으로써 정교회는 성사에 대한 서방의 위험한 이성주의를 피했다. 개신교에 맞서서 성체성혈 안에 그리스도가 '실제적이고 객관적으로 현존한다'는 것을 주장하고픈 열망에서 라틴 교회는 사실상 성찬 참여로부터 성체성혈에 대한 경배를 분리해 버렸다. 이렇게 함으로써 그들은 성찬예배와 교회 자체의 진정한 목적과 관련하여 아주 위험한 영적 일탈에 문을 열어주었다. 왜냐하면 교회와 그 성사들의 목적은 물질적 요소들을 '신성화'하는 것도 아니고 그것들을 거룩하게 함으로써 세속적인 요소들과 대립시키는 것도 아니다. 다시 한번 반복하지만 그 목적은 바로 인간의 삶이 하느님과 교제하고 하느님을 알고 하느님 나라를 향해 올라가는 것이 되게 해주는 것이다.

성찬의 선물들은 바로 이 교제의 수단이며, 이 새 생명의 양식이다. 그러므로 그것들은 결코 그 자체로 하나의 목적은 아니다. 왜냐하면 하느님 나라는 "먹고 마시는 일이 아니라 성령을 통해서 누리는 정의와 평화와 기쁨"(로마 14장17절)이기 때문이다. 세상에서도 양식은 섭취되고 생명력으로 변화될 때 그 기능을 다 하듯이, 다가올 세상의 새 생명 또한 "불멸의 양식"에 참여함을 통해서 우리에게 주어진다. 그러므로 정교회는 성찬 교제 이외의 어떠한 경배예식도 삼간다. 왜냐하면 성찬 교제야말로 유일하게 참된 경배이기 때문이다.

그리스도의 몸과 피에 참여한 다음에야 이 세상에서 "그가 행하신 대로" 행할 수 있다는 것이다.

반대로 개신교는 '마술적인' 해석을 두려워한 나머지 성사들을 지나치게 '정신적'인 것으로 만들어 버리곤 하며 급기야 성찬 교제 밖에서는 그리스도의 몸과 피가 있을 수 없다고 부정하기에 이른다. 여기서 다시 한번 정교회는 거룩한 성체성혈의 보관 의식을 통해서 균형을 유지한다. 몸과 피는 성찬 교제를 위해 주어진다. 하지만 교제의 실제성은 몸과 피의 실제성에 의존한다. 교회는 그리스도가 성체성혈에 어떤 방식으로 현존하는지 사변하지 않는다. 교회는 성체성혈이 교제 이외의 다른 목적으로 사용되는 것을 금한다. 말하자면 교회는 교제 밖에서는 성체성혈의 존재를 드러내지 않는다. 하지만 다가올 하느님 나라가 '이미 우리 가운데' 있음을 믿듯이, 또 하늘에 올라가 성부 오른쪽에 좌정하신 그리스도가 세상 끝날까지 우리와 함께 하심을 믿듯이, 그리스도와 교제하고 그의 나라에 참여하게 해주는 수단인 '불멸의 양식'이 교회 안에 항상 존재하고 있다는 것을 확신한다.

이 신학적 개관은 우리를 미리 축성된 성찬예배로, 그리고 그것의 가장 엄숙한 절정의 순간인 축성된 성체성혈의 '현현'으로 이끈다. 이 '대입당'은 처음에는 제단이 아니라 특별한 장소에 때로는 교회 밖에 보관되곤 했던 축성된 성체성혈을 제단으로 옮겨와야 했던 필요성 때문에 발전되었다. 이 옮김은 자연스럽게 아주 장엄한 의식을 덧입게 된다. 왜냐하면 그것은 그리스도의 오심을, 종일토록 금식과 기도와 기다림 끝에 맞이하는 도움과 힘주심과 기쁨의 도래를 전례적으로 표현하는 것이기 때문이다.

> 이제 하늘의 천군천사들이
> 보이지 않는 가운데
> 우리와 함께 주를 섬기도다.
> 보라,
> 영광의 왕이 들어오시도다.
> 보라,
> 신비의 희생제가 거행되고 이루어지도다.

거룩한 성체성혈은 제단에 놓이고 우리는 성찬 교제를 준비하기 위해 이 기도를 드린다.

지혜와 지식의 보고를 은밀히 감추시고, 이 전례를 우리에게 가르쳐 보이셨으며, 인간에 대한 크신 사랑으로 우리 죄와 사람들의 무지를 위해 주의 은혜를 베풀고 희생제사를 바치도록 우리를 지정하신, 눈으로는 보지 못하는 불가해한 신비의 하느님이시여, 헤아릴 수도 측량할 수도 없는 위대하고 영광스럽고 놀라운 일들을 행하시는 보이지 않는 임금이시여, 헤루빔을 옥좌로 삼으신 것처럼 성부의 외아들이신 우리 하느님께서 이 경이로운 신비 속에 강림하시는 이 거룩한 제단 앞에 선 우리들을 굽어보시어, 우리와 주를 믿는 모든 이들을 더러움에서 해방하시고, 우리의 영혼과 육신을 사라지지 않는 축복으로 거룩하게 하시어, 깨끗한 양심과 부끄럽지 않는 얼굴과 밝은 마음으로 이 거룩한 살과 피를 받아 모심으로써 생명을 얻어, 내 살을 먹고 내 피를 마시는 사람은 내 안에서 살고 나도 그 안에서 살리라고 하신 우리의 참된 하느님 그리스도와 일치되게 하시며, 주의 말씀께서 우리 안에 살고 우리들 사이에 거하시어, 우리로 하여금 지극히 거룩하시고 고귀하신 성령의 성전이 되게 하시고, 생각과 말과 행위에 미치는 마귀의 온갖 간계에서 구원받게 하시며, 주의 마음에 드는 모든 성인들과 함께 우리에게도 언약하신 좋은 것을 얻게 하소서.

이어서 언제나 준비를 위한 마지막 행위인 '주님의 기도'(하늘에 계신 우리 아버지…)가 드려진다. 왜냐하면 그것은 그리스도 자신이 성부 하느님께 드린 기도이기에 이 기도를 통해서 우리는 그리스도의 감성과 그의 기도와 그의 의지와 그의 바램과 그의 생명을 우리의 것으로 만든다는 것을 의미하기 때문이다.

그런 다음 성찬 교제가 이루어진다. 회중은 "너희는 주님의 어지심을 맛들이고 깨달아라!"라는 영성체송을 부른다.

마지막으로 모든 예식이 완료된 후 우리는 "평화롭게 헤어집시다"라는 사제의 권면을 듣는다.

사제의 마지막 기도는 이 예식과 저녁에 행해지는 이 성찬 교제와 또한 이 예식이 대 사순절의 우리의 영적 투쟁과 맺는 관계의 의미를 요약한다.

전능하신 주님이시여, 주께서는 지혜로 만물을 창조하시고, 이루 형언할 수 없으신 섭리와 크신 선으로 우리를 신성한 기간으로 인도하시어, 이 지극히 거룩한 기간에 영혼과 육신을 정화케 하시고, 인욕을 억제케 하시고, 부활에 대한 희망을 갖게 하셨나이다. 사십 일 기간 중에 거룩하게 새기신 십계명판을 주의 종 모세의 손에 넘겨주신 선하신 이여, 비오니 우리 또한 선한 싸움을 싸우고, 금식을 다 마치며, 흩어지지 않는 믿음을 보전하고, 눈에 보이지 않는 뱀의 머리를 부수고, 죄의 정복자들이 되어, 단죄없이 거룩한 부활을 맞아 흠숭하게 하소서. 성부와 성자와 성령의 지극히 영예로우시고, 존엄하신 이름이 이제와 항상 대대로 찬미와 영광을 받으소서.

이제 밝은 밤이 된다. 우리는 밤을 맞이한다. 우리는 어둠 속에서 살아야하고 투쟁해야 하고 인내해야 한다. 밤은 길다. 하지만 우리가 이 예식을 통해 보았던 빛이 이 밤을 비춘다. 세상에 하느님 나라가 현존한다는 것은 쉽게 드러나지 않는다. 하지만 그 하느님 나라가 '은밀하게' 우리에게 주어졌다. 그 하느님 나라의 기쁨과 평화는 우리의 동반자가 되고, 우리는 '금식의 경주'를 계속하기 위해 다시 준비한다.

IV
대 사순절의 여정

시작 : 대 까논

대 사순절이 우리를 하나의 영적 상태에서 또 다른 상태로 옮겨놓는 데 목적을 둔 영적 순례라는 관념과 경험으로 되돌아갈 필요가 있다. 이미 말한 바 있듯이 오늘날 대다수의 그리스도인들은 이 목적을 알지 못해서 대 사순절을 단지 연례적인 영성체를 마치 하나의 종교적 의무처럼 지키고, 부활절이 되면 손쉽게 바꿔버릴 몇몇 식습관 규제를 준수하는 기간쯤으로 생각한다. 평신도뿐만 아니라 적지 않은 사제들도 이처럼 단순하기 짝이 없고 형식적인 대 사순절 관념을 가지고 있기 때문에, 그것의 참된 정신은 생활 속에서 거의 사라지고 말았다. 그래서 대 사순절 전례와 영성의 회복은 가장 시급한 과제 중의 하나이다. 그러나 그것은 이 기간의 리듬과 구조에 대한 올바른 이해에 기초할 때만 실현될 수 있다.

대 사순절의 처음에 그것을 개막하는 것으로 우리는 「크레테의 안드레아 성인의 대 까논」[30]을 발견한다. 마치 그것은 모든 음률에 음조를 제공해주는 소리굽쇠와 같다. 크게 네 부분으로 나뉜 이 까논은 대 사순

---

30) 크레테의 성 안드레아에 대해서는 다음을 보라 : Krumbacher, I, p. 165, II, p. 673; E. Wellecz, *A History of Byzantine Music and Hymnography* (Oxford: 1949), pp. 174 ff., 202 ff.

절의 첫 4일 동안 저녁 석후대과에서 읽힌다. 그 내용을 소개하자면 그것은 마치 참회의 통곡과 같다. 그것은 우리에게 죄의 폭과 깊이를 들려준다. 영혼을 절망과 참회와 희망으로 뒤흔든다. 놀라운 예술적 기교로 안드레아 성인은 아담과 이브, 낙원과 타락, 족장들, 노아와 홍수, 다윗, 약속된 땅, 그리고 그리스도와 교회와 같은 성경의 중요한 주제들을 가지고 죄의 고백과 참회를 엮어낸다. 거룩한 역사의 사건들은 내 인생의 사건들처럼 드러나고, 과거 역사 속에서 행하신 하느님의 역사들은 나와 나의 구원에 관계된 것으로 묘사된다. 죄와 배신의 비극은 나의 개인적 비극이 된다. 내 인생은 하느님에 맞선 어둠의 권세들과 하느님 사이의 거대하고도 우주적인 이 싸움의 한 부분을 형성하고 있는 것으로 고백된다.

까논은 철저하게 개인적인 언급으로 시작된다.

내 삶의 모든 행실에 대해 애통해 할 때,
나는 어디서부터 시작해야 하며,
어떤 서두로 내 죽음의 송가를 불러야 하나이까?
그리스도시여, 당신의 선하심으로
내게 죄의 용서를 베푸소서.

인간과 하느님의 관계의 그 영속적인 드라마와 밀접하게 중첩되면서 나의 죄가 하나씩 하나씩 폭로된다. 인간의 타락의 역사는 바로 나의 역사이다.

나는 태초에 창조주께서 내게 짜주셨던
아름다운 옷을 찢어버렸고,
이제 나는 누더기를 걸치고 있나이다.

나는 뱀이 내게 둘러씌워준 반짝이 옷을 입었나이다.
나는 그의 조언을 따랐고,
그래서 수치스럽게 되었나이다.

나무의 아름다움을 보고,
내 영은 길을 잃었고
이제 발가벗겨져 수치스러움에 얼굴 붉히나이다.

이렇게 9오디로 된 까논은 나흘 동안 계속해서 나 자신의 역사이기도 한 세상의 영적인 역사를 내게 들려준다. 까논은 나를 과거의 결정적인 사건들과 행위들 앞에 서게 한다. 그것은 단지 과거사가 아니다. 그 의미와 영향은 영원하다. 유일하고 그 무엇도 대신할 수 없는 모든 인간 영혼은 말하자면 동일한 사건들을 통과하고 동일한 선택들을 강요받으며 동일하게 보다 더 높은 현실을 발견하기 때문이다.

성경의 예들은 많은 사람들이 그러하듯 이 까논이 별 의미 없는 이름들과 예화들로 넘쳐나고 그래서 너무 무겁다고 판단하게 만드는 단순한 교훈적 우화들이 결코 아니다. 그들은 말한다. "나는 죄를 지었습니다"라고 간단히 말하면 될 것을 무엇 때문에 카인과 아벨과 다윗과 솔로몬을 들먹여야 한단 말인가? 하지만 그들이 이해하지 못하고 있는 것은 성경과 그리스도교 전통 안에서 '죄'라는 말은 현대인은 이해할 수 없는 깊이와 함축을 가지고 있다는 것, 그래서 현대인의 죄 고백은 참된 그리스도교적 참회와는 매우 다른 어떤 것이 되어버렸다는 것이다. 우리가 살아가고 우리의 세계관을 만들어가는 이 문화는 사실상 죄의 관념을 축출해버렸다. 비록 죄가 무엇보다도 먼저 아주 높은 곳으로부터의 추락이요, '지고한 소명'에 대한 인간의 거부라고 한다 할지라도, 이 문화가 '저 높은 곳', '이 소명'을 무시하고 부정해버리고, 인간을 '저 높은 곳으로부터 온 존재'가 아니라 '저 아래로부터 온 존재'라고 규정한다면, 혹은 비록 신을 대놓고 부정하지는 않지만 철저하게 물질주의화되어 인간의 삶을 순전히 물질적 풍요의 관점에서만 생각하고 초월적 소명에는 완전히 무지하다면, 이 모든 것이 과연 무슨 의미가 있겠는가?

   이런 맥락에서 죄는 먼저 보통 사회적 기원을 가진 것으로, 보다 나은 경제적 사회적 체계에 의해서 제거될 수 있는 일종의 '부적응'에서 기인하는 본성적 약함으로 간주된다. 그렇기에 현대인은 죄를 고백할 때조차 더 이상 참회하지 않는다. 현대인이 종교를 이해하는 방식에 따라서 아주 형식적으로 그저 사회계약적 규범들에 대한 지극히 형식적인 일탈 행위들을 나열하거나 혹은 자신을 다시금 행복하게 만들어주고 사회에 다시 적응하도록 해줄 심리적 치료를 종교에서 기대하면서 '자신의 문제들'을 고백사제와 공유하려 할 뿐이다. 하지만 어떤 경우이든 참회는 자기 안에서 "형언할 수 없는 영광의 형상"을 보고 또 자신이 그것을 삶 속에서 디립뗐고 내팽개쳤고 배신했다는 사실을 알아챈 한 인간이 겪는 충격이 더 이상 아니게 되어버렸다. 어떤 경우도 인간 양심의 그 근원에서부터 우러나는 회한이 아니게 되어버렸다. 어떤 경우에도 그것은 다시 돌아가려는 열망이 아니며, 하느님의 사랑과 자비에 자신을 내 맡기는 것이 아니게 되어버렸다. 그러므로 "나는 죄를 지었습니다"라고 말하는 것으로는 충분치 않다. 이 고백은 오직 인간의 깊은 심연에서 크나큰 슬픔과 함께 경험되고 이해될 때만 의미가 있고 효력이 있다.

우리에게 죄를 드러내주고, 우리로 하여금 참회로 이끌어주는 것이 바로 대 까논의 역할이요 목적이다. 죄에 대한 정의와 나열이 아니라 죄와 참회와 용서의 역사인 성경의 장엄한 역사에 대한 깊은 묵상을 통해서 그렇게 한다. 이 묵상은 우리를 전혀 다른 영적 세계로 들어가게 한다. 인간과 인간의 삶과 그 목적과 동기들에 대해서 전혀 새로운 관점을 우리에게 제시한다. 우리 안에 토대가 되는 영적 기반을 새롭게 확립해준다. 그 기반 위에서 이제 참회가 다시 가능해진다. 예를 들어 보자.

오 예수여,
무엇 때문에
내가 의로운 아벨의 길을 따를 수 없었고,
무엇 때문에
내가 흠없는 제물을,
거룩한 행위와 내 삶의 순결함으로 봉헌의 희생제물을
바치지 못했나이까?

이 이야기를 들을 때 우리는 성경에 아주 간략하게 언급되어 있는 이 첫 번째 제사 이야기가 우리 자신의 삶에 대해서 인간 그 자체에 대해서 무언가 본질적인 어떤 것을 우리에게 드러내준다는 것을 이해한다. 죄란 무엇보다도 삶이 하느님께 바쳐지는 봉헌이요 제사여야 함을 거부하는 것, 다시 말해서 우리의 삶이 하느님을 향해야한다는 것을 거부하는 것임을 우리는 이해한다. 그러므로 죄의 뿌리는 우리의 사랑이 궁극적인 목표(하느님)로부터 벗어난 것에 있다는 사실을 이해하게 된다. 이 계시는 우리로 하여금 삶에 대하여 우리의 '현대적' 경험과는 아주 낯설지만 그럼에도 불구하고 우리에게 '실존적으로' 점점 더 진실이 되어가고 있는 어떤 것을 말하게 해준다.

> 창조주시여,
> 당신은 진흙으로 나를 형성하셨고,
> 내 안에 골육을,
> 또한 생명의 숨결을 넣어주셨나이다.
> 나를 창조하신 주님,
> 나의 심판관, 나의 구세주여,
> 나를 당신께로 이끌어가소서.

대 까논을 잘 알아들으려면 분명 어느 정도 성경에 대한 지식을 가져야만 한다. 더 나아가 대 까논이 우리에게 전해주는 성경의 의미에 대해서 깊이 천착해야 한다. 오늘날 많은 사람들이 대 까논을 지루해하고 의미 없게 여기는 것은 바로 그들의 신앙이 교부들에게는 그토록 중요한 신앙의 원천이었던 성경에서 물을 받아 마시지 않기 때문이다. 우리는 성경이 드러내주는 세상으로 파고들어가는 법을 다시 배워야하고, 또 어떻게 하면 그 속에서 살아갈 수 있는지를 다시 깨달아야 한다. 이 성경의 세상으로 들어가는데 교회의 전례만큼 탁월한 길은 없다. 그것은 성경의 가르침을 전해줄 뿐만 아니라 구체적으로 성경대로 살아가는 방식을 드러내준다.

이렇게 대 사순절의 여행은 '출발점'으로 되돌아가는 것에서 시작한다. 창조의 세계, 타락의 세계, 구원의 세계, 모든 것이 하느님의 영광을 반사하며 하느님에 대해 말하는 세계, 모든 사건이 하느님과 관련되어 있는 세계, 인간이 자기 삶의 참된 지평을 발견하는 세계, 그것을 발견하고 끝내 참회의 눈물을 흘리는 세계로 되돌아가는 것에서 시작된다.

대 사순절의 토요일들

　교부들은 종종 대 사순절을 선택받은 이스라엘 백성이 광야에서 헤맸던 40년 유랑과 비교한다. 자기 백성을 절망에서 구하시고 자신의 궁극적인 뜻을 계시하시기 위해 하느님께서 이 광야의 여정 동안 어떻게 수많은 기적들을 행하셨는가를 우리는 성경을 통해서 알고 있다. 마찬가지로 교부들도 동일한 방식으로 대 사순절의 40일을 설명한다.

　대 사순절의 최종적인 목표는 빠스까, 약속된 땅, 하느님 나라이다. 그럼에도 불구하고 매 주간의 마지막 날들은 이 목표를 미리 맛보는 잠시 동안의 휴식을 제공해준다. 그것은 바로 성찬예배가 드려지는 토요일과 일요일(주일) 이틀로 이 두 날은 대 사순절의 영적 여행에서 특별한 의미를 가진다.

　먼저 토요일을 살펴보자. 정교회 전통에서 토요일의 전례 규칙이 평일에 비해 특별하다는 것과 토요일에는 대 사순절 기간이라 해도 이 시기에 특별한 여러 특징들이 부가되지 않는다는 점은 조금 설명이 필요하다. 이미 설명했던 바와 같이 '전례 규칙'의 관점에서 볼 때 토요일은 금식일이 아니라 축제일(안식일)이다. 왜냐하면 하느님께서 한 주간의 마지막 날인 토요일을 축제일로 삼으셨기 때문이다. "이렇게 하느님께서는 모든 것을 새로 지으시고 이렛날에는 쉬시고 이 날을 거룩한 날로 정하시어 복을 주셨다."(창세기 2장3절) 하느님께서 세우신 것을 그 누구도 파할 수 없고 폐할 수 없다. 많은 그리스도인들이 하느님께서 제정하신 안식일은 일요일로 옮겨졌고 그래서 그리스도인들에게는 일요일이 휴식과 안식의 날이 되었다고 생각하는 것도 사실이다. 하지만 이러한 믿음을 지지해 주는 것은 성경과 전통 그 어디에도 없다. 반대로 교부들과 초대교회의 전통에 있어서 첫째 날 혹은 여덟째 날로서의 주일(일요일)의 위상은 그것이 토요일과는 구별된다는 것 아니 비록 토요일은 언제까지나 이렛날로 하느님께서 복주시고 거룩하게 하신 날로 남아있을 것이라 해도 주일(일요일)은 그것과 대극을 이루고 있다는 것을 강조한다. 토요일은 세상의 창조가 '보시기 좋았다' 고 인정된 날이었고, 구약성경에서 안식일의 의미가 바로 이것이었으며, 그리고 이런 의미로서의 토요일은 그리스도 자신과 교회도 지켜나갈 것이었다. 이것이 말하고자 하는 것은 죄와 타락에도 불구하고 창조는 언제까지나 하느님의 '선한 창조' 로 남는다는 것이다. 창조세계는 이 본질적인 '좋음' 을 간직하고 창조주께서는 그것을 기뻐하셨다. "이렇게 만드신 모든 것을 하느님께서 보시니 참 좋았다."(창세기 1장31절)는 본래의 의미에 맞게 안식일을 지킨다는 것은 그러므로 삶이 의미로 가득차고 행복해지고 창조적일 수 있음을 의미한다. 이것이 바로 하느님께서 생명을 지으신 목적이다. 노동과 생업의 열매들을 누리는 휴식의 날, 안식일은 하느님께서 세상과 인생에게 허락하신 축복으로 영원히 남아있다. 안식일에 대한 그리스도교적 개념과 구약성경의 개념 사이의 이 연속성은 불연속성을 배제하지 않을 뿐만 아니라 사실 그것을 함축하고 있다.

왜냐하면 그리스도 안에서는 어떤 것도 있어왔던 그대로 존재하지 않기 때문이다. 그리스도 안에서 모든 것이 완성되고 초월되고 새로운 의미를 덧입기 때문이다. 최고의 영적 현실에 있어서 안식일은 '이 세상' 속에 행해진 하느님 말씀의 현재화이다. "이렇게 만드신 모든 것을 하느님께서 보시니 참 좋았다." 하지만 '이 세상'은 그리스도 안에서 새로운 빛을 받고 또한 그분 안에서 새로운 것이 된다. 그리스도는 인간에게 "이 세상과는 다른" 하느님 나라를 열어주신다. 세상과 세상에 속한 모든 것들의 선함은 이제 하느님 안에서의 최종적인 완성, 즉 이 세상이 끝난 다음에야 그 충만한 영광을 드러내게 될 다가올 왕국과 관계된다. 더 나아가 이 세상은 그리스도를 거부했기 때문에 "이 세상 왕(악마)의 지배"(요한 5장19절) 아래 놓이게 되었고 "악에 빠져 버렸음"이 분명하다. 이 세상에 구원의 길은 진화, 개선, 진보의 길이 아니라 십자가와 죽음과 부활의 길이다. "심은 씨는 죽지 않고서는 살아날 수 없습니다."(고린토I 15장36절)

그러므로 그리스도인은 '이중의 삶'을 산다. 하지만 그것은 '세속적' 생활과 '종교적' 삶의 단순한 병렬이라는 의미에서가 아니라 이 삶 전체를 하느님 나라의 '미리 맛봄'과 하느님 나라를 향한 준비로 만든다는 의미에서, 삶의 모든 활동들 각각을 '반드시 오고야 말' 것에 대한 표징, 확증, 기다림으로 만든다는 의미에서 그렇다. 이것이 바로 복음의 역설이 갖는 의미이다. 하느님 나라는 "너희 가운데 있다". 하지만 동시에 하느님 나라는 "앞으로 올 것이다". 삶의 한 가운데서 이 하느님 나라를 발견하지 못한다면 우리는 하느님 나라를 사랑할 수도 기다릴 수도 열망할 수도 없다. 복음은 바로 이것에로 우리를 초대한다. 우리는 여전히 죽음 이후의 보상 혹은 형벌을 믿을 수 있다. 하지만 "당신의 나라가 임하소서!", "오소서, 주 예수님!" 하고 드리는 그리스도교의 기도가 갖는 기쁨과 간절함을 이해할 수 없을 것이다. 그리스도께서 오신 것은 우리로 하여금 그분을 기다리게 하시려는 것이다. 그분은 삶과 시간 속에 들어오셨다. 이 삶과 시간이 하느님 나라로의 '건넘'이요 '넘어감'이 될 수 있게 하기 위해서이다.

창조의 날, '이 세상'의 날인 안식일은 그리스도 안에서 기다림의 날, 주님의 날(주일) 앞에 오는 날이 된다. 안식일의 변모는 그리스도께서 "모든 일을 다 이루시고" 무덤에서 쉬시는 성 대 토요일에 일어났다. '안식일 후 첫 날'인 다음 날(일요일), '참 생명'이 "생명을 주시는 주님의 무덤"에서 흘러넘쳤고, 향료를 든 여인들은 "기뻐하여라"라는 외침을 들었다. 제자들은 "기쁨 속에서도 믿기를 주저하였고 놀라워했다". 이렇게 해서 새 창조의 첫 날이 시작된 것이다. 일요일(주일), 교회는 이 새 날에 들어가 참여한다. 하지만 교회는 여전히 '이 세상' 시간 속에서 살고 길을 간다. 하지만 '이 세상' 시간은 신비로운 그 심연에서 하나의 안식일이 된다. 왜냐하면 바울로 성인의 말씀대로 "여러분은 이 세상에서 이미 죽었고, 여러분의 참 생명은 그리스도와 함께 하느님 안에 있어서 보이지 않게 되었으며, 여러분의 생명이신 그리스도가 나타나실 때에 여러분도 그분과 함께 영광 속에 나타나게 될 것"(골로사이 3장3절)이기 때문이다.

이 모두가 일곱째 날인 토요일이 전례 전통 안에서 특수한 위상을 갖는다는 사실, 즉 축제의 날임과 동시에 죽음의 날이라는 이중적 특징을 가진다는 사실을 잘 설명해준다. 그것은 하나의 축제일이다. 왜냐하면 바로 세상 안에서, 시간 안에서 그리스도께서 죽음을 멸하셨고 그분의 왕국을 개시하셨기 때문이다. 그분의 강생, 죽음, 부활은 하느님께서 그토록 좋아하셨던 태초의 창조를 완성한다. 그것은 또한 죽음의 날이다. 왜냐하면, 그리스도의 죽음 안에서 세상 또한 죽었기 때문이다. 세상의 구원과 완성과 변모는 무덤 너머에, "다가올 새 세상"에 있다. 연중 전례의 모든 토요일은 결정적인 두 토요일의 의미를 부여받는데, 그 하나는 이 세상에서 이미 일어난 부활이자 다가올 보편적 부활의 예고편이며 보증이 된 라자로의 부활을 기념하는 토요일이다. 또 하나는 빠스까 주간의 성 대 토요일인데, 이 날 죽음 그 자체는 변화되어 새 창조 새 생명으로의 '건넘'이 된다.

대 사순절 동안, 이와 같은 토요일의 의미는 특별히 강조된다. 대 사순절의 목적 자체가 정확히 준비와 순례로서의 시간이라는 그리스도교적 의미를 재발견하는 것이요, 그리스도인은 '이방인'이며 이 세상으로 '유배된' 나그네(베드로1 2장11절)라는 현실의 의미를 재발견하는 것이기 때문이다. 이 토요일들은 대 사순절의 분투를 미래의 완성으로 향하도록 해주어, 대 사순절에 독특한 리듬감을 제공해준다. 대 사순절의 토요일은 성찬예배의 날로, 성 요한 크리소스톰 성찬예배가 드려진다. 성찬예배는 언제나 축제이다. 하지만 이 축제의 특징은 그것이 순례, 인내, 분투로서의 대 사순절과 연관되어 있다는 것이며, 그리하여 이 여정의 종착에 대해 다시 한번 생각하게 해주는 데 목적이 있는 하나의 '휴식'이 된다는 것이다. 이것은 히브리서의 본문들로 구성된 대 사순절의 토요일 사도경 봉독 본문들을 보면 분명하게 드러난다. 이 본문들에서 구원의 역사, 순례, 약속, 다가올 것에 대한 믿음 등에 대한 유형론은 중심적인 자리를 차지한다.

첫 번째 토요일에 우리는 창조와 구속과 영원한 하느님 나라에 대한 웅장한 선포를 담은 히브리서의 장엄한 서문을 듣는다.

하느님께서 예전에는 예언자들을 시켜 여러 번 여러 가지 모양으로 우리 조상들에게 말씀하셨습니다. 그러나 이 마지막 시대에 와서는 당신의 아들을 시켜 우리에게 말씀하셨습니다. 하느님께서는 당신의 아들을 통해서 온 세상을 창조하셨으며 그 아들에게 만물을 물려주시기로 하셨습니다. 그 아들은 하느님의 영광을 드러내는 찬란한 빛이시요, 하느님의 본질을 그대로 간직하신 분이시며, 그의 능력의 말씀으로 만물을 보존하시는 분이십니다. 그분은 인간의 죄를 깨끗하게 씻어주셨고 지극히 높은 곳에 계신 전능하신 분의 오른편에 앉아 계십니다. 그리고 천사의 칭호보다 더 높은 아들이라는 칭호를 받으심으로써 천사들보다 더 높은 분이 되셨습니다. … "주님, 한 처음 땅을 만드신 이도 주님이시요, 하늘을 손수 만드신 이도 주님이십니다." 하늘과 땅은 없어질지라도 주님은 영원히 계십니다. 만물은 옷처럼 낡아질 것이요. 주님은 그것들을 겉옷처럼 말아 치우실 것입니다. 만물은 옷처럼 변할지라도 주님은 언제나 같으시고 주님은 영원히 늙지 않으십니다.

(히브리 1장 1-12절)

우리는 "이 마지막 시대", 최고의 분투가 요청되는 날들을 살고 있다. 우리는 '오늘' 안에 있지만 마지막 때가 가까이 와 있다. 두 번째 토요일에는 다음과 같은 사도경 봉독을 듣는다.

형제 여러분, 여러분 중에는 믿지 않는 악한 마음을 품고 살아 계신 하느님께로부터 떨어져 나가는 사람이 없도록 조심하십시오. 성서에 "오늘"이라고 한 말은 우리에게도 해당하는 말이니 날마다 서로 격려해서 아무도 죄의 속임수에 넘어가 고집부리는 일이 없도록 하십시오. 우리가 처음의 확신을 끝까지 지켜 나가면 그리스도와 함께 상속자가 될 수 있습니다. 성서에도 이런 말씀이 있습니다. "너희가 오늘 하느님의 음성을 듣거든 반역하던 때처럼 완악한 마음을 품지 마라." 그분의 음성을 듣고도 반역한 자들은 누구였습니까? 모두 모세의 인도를 받아 이집트를 빠져 나온 사람들이 아니었습니까?

(히브리 3장12-16절)

싸움은 어렵다. 고통과 유혹은 "더 좋고 더 영구한 재산"를 얻기 위해 마땅히 치러야할 값이다. 이런 이유로 세 번째 토요일의 사도경 봉독은 우리에게 이렇게 권고한다.

여러분은 처음에 빛을 받고 나서 많은 고난의 도전을 받으면서도 견디어 내던 시절을 생각해 보십시오. 여러분 중에는 모욕과 환난을 당하여 구경거리가 된 사람들도 있고 그런 형편에 빠진 사람들의 친구가 된 사람들도 있습니다. 여러분은 감옥에 갇힌 사람들을 동정했고 또 자기 재산을 다 빼앗기는 일이 있어도 그보다 더 좋고 더 영구한 재산을 차지할 수 있다는 것을 깨닫고 그 일을 기쁘게 당했습니다. 그러므로 여러분은 신념을 버리지 마시오. 그 신념에는 큰 상이 붙어 있습니다. 여러분이 하느님의 뜻을 행하고 하느님께서 약속해 주신 것을 받으려면 인내가 필요합니다. "조금 더 있으면 오실 이가 지체 없이 나타나리라. 그러나 나를 믿는 올바른 사람은 믿음으로 살리라. 만일 그가 뒤로 물러서면 내 마음이 그를 달갑게 여기지 않으리라." 우리는 뒤로 물러나 멸망할 사람들이 아니라 믿음을 가져 생명을 얻을 사람들입니다.

(히브리 10장32-39절)

네 번째 토요일 사도경 봉독은 믿음, 소망, 사랑이 이 싸움의 무기라고 확언한다.

사랑하는 형제 여러분, 우리가 이런 말을 하지만 여러분은 더 좋은 구원의 축복을 받고 있다는 것을 우리는 확신합니다. 하느님은 불의한 분이 아니시므로 여러분이 지금까지 성도들에게 봉사해 왔고 아직도 봉사하면서 당신의 이름을 위해서 보여준 선행과 사랑을 결코 잊지 않으십니다. 우리는 여러분 각 사람이 희망을 성취하기까지 끝내 같은 열성을 보여주기를 바랍니다. 게으른 자가 되지 말고 믿음과 인내로써 하느님께서 약속해 주신 것을 상속받는 사람들을 본받으십시오.

(히브리 6장9-12절)

시간은 얼마 남지 않았고, 기다림은 더 강렬해지며 확신은 더 기쁨에 찬다. 바로 다섯 번째 토요일 사도경 봉독의 분위기가 그렇다.

그리스도께서는 인간이 하늘의 참 성소를 본떠서 만든 지상의 성소에 들어가신 것이 아니라 우리를 위해서 하느님 앞에 나타나시려고 바로 그 하늘의 성소로 들어가신 것입니다. … 지금 그분은 이 역사의 절정에 나타나셔서 단 한 번 당신 자신을 희생제물로 드리심으로써 죄를 없이 하셨습니다. 사람은 단 한 번 죽게 마련이고 그 뒤에는 심판을 받게 됩니다. 그리스도께서도 단 한 번 당신 자신을 제물로 바치셨습니다. 그러나 많은 사람의 죄를 없애주셨고 다시 나타나실 때에는 인간의 죄 때문에 다시 희생제물이 되시는 일이 없이 당신을 갈망하고 있는 사람들에게 구원을 가져다 주실 것입니다.

(히브리 9장24-28절)

이것은 기다림의 시간에서 완성의 시간으로 넘어감을 지시하는 '라자로의 토요일' 이전에 읽히는 마지막 사도경이다.

대 사순절의 토요일들에 읽혀지는 복음경 본문들은 마르코 복음경에서 선택되어 하나의 연속 본문들을 구성한다.

첫 번째 토요일은 우리에게 그것의 열쇠를 제공해준다. 그리스도께서는 "안식일이 사람을 위하여 있는 것이지, 사람이 안식일을 위하여 있는 것은 아니다. 따라서 사람의 아들은 또한 안식일의 주인이다."(마르코 2장23절-3장5절)라고 선언하심으로써 유대교 안식일의 위선적인 금기사항들을 뒤집으신다.

새로운 시대가 왔고 인간의 재창조가 시작된다. 두 번째 토요일에는 문둥병자가 그리스노께 "선생님은 하고자만 하시면 저를 깨끗이 고쳐주실 수 있습니다."라고 아뢰고, 그리스도께서는 "그렇게 해주겠다. 깨끗하게 되어라."(마르코 1장35-44절)라고 명하신다.

세 번째 토요일에 우리는 그리스도께서 모든 금기 사항들을 타파하고 "많은 세리와 죄인들과 함께" 식사하시는 것(마르코 2장 14-17절)을 본다.

네 번째 토요일에 복음경은 창세기의 "보시니 좋았다"(창세기 1장)라는 말씀에 응답하여 "귀머거리를 듣게 하시고 벙어리도 말을 하게 하시니 그분이 하시는 일은 놀랍기만 하구나."(마르코 7장 31-37절)라는 말로 답한다.

마지막으로 다섯 번째 토요일에 이 모든 것은 "선생님은 그리스도이십니다."(마르코 8장 29절)라는 베드로의 결정적인 신앙 고백 안에서 그 절정을 발견한다. 그것은 바로 인간이 그리스도의 신비, 새 창조의 신비를 받아들였다는 것을 의미한다.

대 사순절의 토요일들은 위에서 말한 바와 같이 두 번째의 테마 혹은 두 번째의 지평이라 할 수 있는 죽음을 테마로 갖는다. 전통적으로 띠로의 테오도로스 대 순교성인의 축일로 경축되는 첫 번째 토요일과 성모 기립찬양[31]이 드려지는 다섯 번째 토요일을 제외한 나머지 세 번의 토요일은 "부활과 영원한 생명의 소망을 가지고" 주님 안에서 안식한 모든 이들에 대한 보편적 추념의 날들이다. 이미 말했듯이 이 추념 의식은 라자로의 부활 토요일과 거룩한 고난의 성 대 주간 성 대 토요일을 준비하고 예고한다. 이 의식은 단지 '사랑의 행위' 나 '좋은 행위' 일 뿐인

---

31) 성모 '기립 찬양 (아카티스토스, Ἀκάθιστος) : "아카티스토스"라는 말은 "앉지 않는다"라는 의미를 가진 말로, 보통 열 두 개의 콘다키온(시기송)과 열 두 개의 이코스로 이루어진 성모님께 바쳐진 대 찬양시를 지칭한다. 이 찬양시가 읽히거나 불려질 때, 모든 신자들은 줄곧 선 자세로 찬양시를 듣는다. 성모기립찬양은 629년 페르시아와 아바르 왕국의 콘스탄티노플 침공시 성모님께서 기적적으로 콘스탄티노플을 보호해주신 것에 대한 감사의 찬양이다. 이밖에도 그리스도와 성인들에게 바쳐진 기립찬양도 존재한다.

것이 아니라 더 나아가 죽은 것으로서의 '이 세상'과 죽음 그 자체에 대한 본질적인 재발견이다. 이 세상에서 우리는 세상 그 자체와 마찬가지로 죽음을 선고받는다. 하지만 그리스도 안에서 죽음은 그 안으로부터 멸망당했다. 사도 바울로의 말씀대로 죽음은 "그 독침"을 상실했고 생명의 충만으로 들어가는 문이 된다. 우리 각자는 세례를 통해 이미 죽었고, 또한 이 세례의 날에 이 문으로 들어갔다. 세례의 죽음은 살았던 이들을 세상에 대해 죽게 하고("여러분은 이미 죽었고" 골로사이 3장3절) 죽었던 이들을 살려내었다. 그리스도 안에서 죽음은 더 이상 존재하지 않기 때문이다.

대중적인 신앙심이 만들어낸 하나의 명백한 일탈은 그리스도교 신앙을 왜곡함으로써 다시 한번 죽음을 아주 '어둡게' 만들어 버렸다. 장례예식과 '레퀴엠(장례미사)'에서 여러 곳에 검은 장식을 사용하는 것을 통해 상징하고자 하는 것이 바로 이것이다. 하지만 우리가 반드시 알아야 할 것은 그리스도인에게 죽음의 색깔은 흰색이라는 점이다. 죽은 이들을 위한 기도는 탄식하며 울부짖지 않는다. 그것은 죽은 이들을 위한 연중 추념 예식과 일반적으로 토요일 특별히 대 사순절의 토요일 사이에 존재하는 관계 속에서 가장 명확하게 드러난다. 죄와 배반으로 인해 창조의 기쁜 날(일곱째 날)은 죽음의 날이 된다. 왜냐하면 "허무의 지배 아래 들어간"(로마 8장20절) 피조세계는 그 자체로 죽었기 때문이다. 하지만 그리스도의 죽으심은 일곱째 날을 재창조의 날로, 이 세상에 죽음의 승리를 가져오고야 만 것을 다시 폐하고 멸망시켜버린 날로 삼음으로써 그것을 회복한다. 대 사순절의 최종적인 목적은 우리 안에서 "하느님 자녀들이 영광스럽게 나타나기를 뜨겁게 고대함"을 회복하는 것이다.

이것이 바로 그리스도교적인 믿음과 소망과 사랑의 내용이다. "우리는 이 희망으로 구원을 받았습니다. 눈에 보이는 것을 바라는 것은 희망이 아닙니다. 눈에 보이는 것을 누가 바라겠습니까? 우리는 보이지 않는 것을 바라기에 참고 기다릴 따름입니다."(로마 8장24-25절) 그리스도인의 죽음과 죽은 이들을 위한 우리의 기도에 온전한 의미를 제공해 주는 것은 라자로 부활 토요일과 성 대 토요일의 빛이다.

대 사순절의 주일들

　대 사순절의 주일들은 두 가지 테마, 두 가지 의미를 가진다. 한편으로 각각의 주일은 대 사순절의 리듬과 정신을 드러내주는 일련의 주제들을 갖는다. 하지만 또 한편으로는 교회의 역사적 발전을 거치면서 이 모든 주일들은 두 번째 주제들을 공통으로 부여받았다.

　그래서 첫 번째 주일, 교회는 843년 콘스탄티노플에서 최종적으로 선언된 이콘반대주의자들에 대한 승리와 성화 공경의 회복을 기념하는 '정교 신앙의 승리'를 기념한다. 이 기념식과 대 사순절의 관계는 순전히 역사적인 것이다. 즉 정교 신앙의 최종적 승리를 처음으로 선언한 이 사건이 바로 이 주일(대 사순절의 첫 번째 주일)에 있었다. 두 번째 주일에 성 그레고리오스 팔라마스를 축일로 기념하는 것도 마찬가지의 이유에서이다. 14세기 교회가 성인의 적들을 정죄하고 그의 가르침을 공인할 때, 이것은 정교 신앙의 두 번째 승리라고 선언되었고, 그래서 대 사순절 두 번째 주일에 이 성인을 기념하도록 명한 것이었다. 비록 그 자체로는 중요하고 의미심장하지만 이러한 기념 의식은 실상 대 사순절과는 다소 독립된 것이다. 그러므로 우리는 이 책의 아주 제한된 부분에서만 이를 다루어도 될 듯싶다.

네 번째 주일의 성 요한 클리마코스 기념, 다섯 번째 주일의 이집트의 성녀 마리아 기념은 대 사순절에 더욱 잘 통합된다. 이 두 주일에 교회는 그리스도교적 금욕주의의 영웅과 최고의 증인들을 만난다. 성 요한은 자신의 저작들을 통해서, 성녀 마리아는 자신의 삶을 통해서 금욕주의의 원리들을 표현했다. 대 사순절의 후반기에 그들을 기념하는 것은 분명 대 사순절의 영적 싸움과 노력을 위해 신자들을 격려하고 또 힘을 불어넣어주기 위한 것이다. 금욕주의는 단지 기념되는 것으로 족한 것이 아니라 '실천되어야' 하고, 이 두 성인을 기념하는 것은 대 사순절 동안 우리 각자의 개인적 노력과 관련된 것이기에 이 금욕적 싸움의 의미를 살펴볼 마지막 장에서 다루도록 하자.

대 사순절 주일들의 첫째가 핵심 주제와 관련하여 그것을 특별히 우리에게 제시해주는 것은 여기서도 성경의 봉독 본문들이다. 이 일련의 봉독 본문들을 이해하기 위해서는 대 사순절과 세례성사의 관계, 즉 대 사순절이 세례를 준비하는 기간이라는 점을 다시 한번 더 상기할 필요가 있다. 그러므로 이 봉독들은 초대 교회의 세례 예비자 교육 과정에 통합된 한 부분을 구성한다. 그것들은 세례의 빠스까 신비를 위한 세례 예비자들의 준비를 설명해주고 요약해준다. 세례는 바로 그리스도에 의해 개시된 새로운 생명 안으로 들어가는 것이다. 세례 예비자에게 이 새 생명은 아직 예고되고 약속되었을 뿐이다. 그는 믿음으로 그것을 받아들인다. 그는 그 실현을 보지는 못했기에 약속에 대한 믿음으로 살았던 구약 시대의 사람들과 같다.

첫 번째 주일의 주제가 바로 이것이다. 구약 성경의 의인들을 언급한 후 사도경은 이렇게 결론짓는다.

… 이 사람들은 모두 믿음이 있었기 때문에 하느님의 인정을 받았습니다. 그러나 약속된 것을 받지는 못했습니다. 하느님께서 우리를 위해서 더 좋은 것을 마련해 두셨기 때문에 그들은 우리를 제쳐놓고는 결코 완성에 이르지는 못하게 되어 있었던 것입니다.

(히브리 11장24-26절, 32-40절, 12장2절)

'더 좋은 것'은 무엇인가? 첫 번째 주일 복음경 봉독이 우리에게 대답을 준다.

그 이튿날 예수께서 갈릴래아로 떠나가시려던 참에 필립보를 만나 "나를 따라오너라."하고 부르셨다. 필립보는 베싸이다 출신으로 안드레아와 베드로와 한 고향 사람이다. 그가 나타나엘을 찾아가서 "우리는 모세의 율법서와 예언자들의 글에 기록되어 있는 분을 만났소. 그분은 요셉의 아들 예수인데 나자렛 사람이오."하고 말하였다. 그러나 그는 "나자렛에서 무슨 신통한 것이 나올 수 있겠소?"하고 물었다. 그래서 필립보는 나타나엘에게 와서 보라고 권하였다. 예수께서는 나타나엘이 가까이 오는 것을 보시고 "이 사람이야말로 정말 이스라엘 사람이다. 그에게는 거짓이 조금도 없다."하고 말씀하셨다. 나타나엘이 예수께 "어떻게 저를 아십니까?"하고 물었다. "필립보가 너를 찾아가기 전에 네가 무화과나무 아래 있는 것을 보았다." 예수께서 이렇게 대답하시자 나타나엘은 "선생님, 선생님은 하느님의 아들이시며 이스라엘의 왕이십니다."하고 말하였다. 예수께서는 "네가 무화과나무 아래 있는 것을 보았다고 해서 나를 믿느냐? 앞으로는 그보다 더 큰 일을 보게 될 것이다."하시고 "정말 잘 들어두어라. 너희는 하늘이 열려 있는 것과 하느님의 천사들이 하늘과 사람의 아들 사이를 오르내리는 것을 보게 될 것이다." 하고 말씀하셨다.

(요한 1장43-51절)

 말하자면, "그리스도를 믿고 세례받기를 원하며 빠스까를 준비하는 세례 예비자 여러분은 새로운 시대의 개막, 모든 약속의 성취, 하느님 나라의 드러남을 보게 될 것입니다"라는 말이다. 하지만 믿고 회개할 때만, 마음을 고쳐먹을 때만, 그리고 그것을 간절히 열망하고 그렇게 되기 위해 노력할 때만 그것을 보게 될 것이다.
 이것은 두 번째 주일의 사도경 봉독을 통해 상기된다.

 또 이런 말씀도 있습니다. "주님, 한 처음 땅을 만드신 이도 주님이시요, 하늘을 손수 만드신 이도 주님이십니다. 하늘과 땅은 없어질지라도 주님은 영원히 계십니다. 만물은 옷처럼 낡아질 것이요. 주님은 그것들을 겉옷처럼 말아 치우실 것입니다. 만물은 옷처럼 변할지라도 주님은 언제나 같으시고 주님은 영원히 늙지 않으십니다." 그런데 하느님께서 어느 천사에게 "내가 네 원수를 네 발 아래 굴복시킬 때까지 너는 내 오른편에 앉아 있어라."하고 말씀하신 적이 있으십니까? 천사들은 모두 하느님을 섬기는 영적인 존재들로서 결국은 구원의 유산을 받을 사람들을 섬기라고 파견된 일꾼들이 아닙니까? 그러므로 우리는 우리가 들은 것을 더욱더 명심하여, 빗나가지 않도록 해야 하겠습니다. 천사들을 시켜서 하신 말씀도 효력이 있어서 그것을 어기거나 따르지 않는 자들은 모두 응분의 징벌을 받았는데 만일 우리가 이토록 값진 구원의 말씀을 소홀히 한다면 어떻게 징벌을 피할 수 있겠습니까? 이 구원의 소식은 주님께서 처음으로 전해 주신 것이며 그 말씀을 들은 사람들이 또한 우리에게 확증해 준 것입니다.

(히브리서 1장10절-2장3절)

두 번째 주일 복음경 봉독에서는 이 노력과 열망은 지붕을 뚫고 그리스도에게로 이끌려온 중풍병자 이야기를 통해 표현된다.

며칠 뒤에 예수께서는 다시 가파르나움으로 가셨다. 예수께서 집에 계시다는 말이 퍼지자 많은 사람이 모여들어 마침내 문 앞에까지 빈틈없이 들어섰다. 그리고 예수께서는 그들에게 하느님의 말씀을 전하고 계셨다. 그 때 어떤 중풍병자를 네 사람이 들고 왔다. 그러나 사람들이 너무 많아 예수께 가까이 데려갈 수가 없었다. 그래서 예수가 계신 바로 위의 지붕을 벗겨 구멍을 내고 중풍병자를 요에 눕힌 채 예수 앞에 달아 내려보냈다. 예수께서는 그들의 믿음을 보시고 중풍병자에게 "너는 죄를 용서받았다."하고 말씀하셨다. 거기 앉아 있던 율법학자 몇 사람이 속으로 "이 사람이 어떻게 감히 이런 말을 하여 하느님을 모독하는가? 하느님말고 누가 죄를 용서할 수 있단 말인가?"하며 중얼거렸다. 예수께서 그들의 생각을 알아채시고 이렇게 말씀하셨다. "어찌하여 너희는 그런 생각을 품고 있느냐? 중풍병자에게 '너는 죄를 용서받았다.' 하는 것과 '일어나 네 요를 걷어가지고 걸어가거라.' 하는 것과 어느 편이 더 쉽겠느냐? 이제 땅에서 죄를 용서하는 권한이 사람의 아들에게 있다는 것을 보여주겠다." 그리고 나서 중풍병자에게 "내가 말하는 대로 하여라. 일어나 요를 걷어가지고 집으로 가거라."하고 말씀하셨다. 중풍병자는 사람들이 보는 앞에서 벌떡 일어나 곧 요를 걷어가지고 나갔다. 그러자 모두들 몹시 놀라서 "이런 일은 정말 처음 보는 일이다."하며 하느님을 찬양하였다.

(마르코 2장1-12절)

십자가의 주일인 세 번째 주일에는 십자가라는 주제가 등장하고 우리는 복음경의 다음과 같은 말씀을 경청한다.

예수께서 군중과 제자들을 한 자리에 불러놓고 이렇게 말씀하셨다. "나를 따르려는 사람은 누구든지 자기를 버리고 제 십자가를 지고 따라야 한다. 제 목숨을 살리려는 사람은 잃을 것이며, 나 때문에 또 복음 때문에 제 목숨을 잃는 사람은 살릴 것이다. 사람이 온 세상을 얻는다 해도 제 목숨을 잃는다면 무슨 이익이 있겠느냐? 사람이 목숨을 무엇과 바꿀 수 있겠느냐? 절개 없고 죄 많은 이 세대에서 누구든지 나와 내 말을 부끄럽게 여기면 사람의 아들도 아버지의 영광에 싸여 거룩한 천사들을 거느리고 올 때에 그를 부끄럽게 여길 것이다." 예수께서 또 말씀하셨다. "나는 분명히 말한다. 여기 서 있는 사람들 중에는 죽기 전에 하느님 나라가 권능을 떨치며 오는 것을 볼 사람들도 있다."

(마르코 8장34절-9장1절)

이 주일부터 히브리서 사도경 봉독 본문들은 그리스도 희생의 의미를 우리에게 알려주기 시작한다. 그 희생을 통해 우리는 "휘장 너머의 지성소", 즉 하느님 나라라고 하는 지성소에 들어가게 되었다는 것이다.[32]

반면 마르코 복음경에서 선택된 복음경 본문들은 그리스도의 자발적인 수난과 부활을 예고한다.

그들 가운데 한 사람이 나서서 "선생님, 악령이 들려 말을 못하는 제 아들을 선생님께 보이려고 데려왔습니다. 악령이 한번 발작하면 그 아이는 땅에 뒹굴며 거품을 내뿜고 이를 갈다가 몸이 빳빳해지고 맙니다. 그래서 선생님의 제자들에게 악령을 쫓아내 달라고 했더니 쫓아내지 못했습니다." 하였다. 예수께서는 "아, 이 세대가 왜 이다지도 믿음이 없을까! 내가 언제까지 너희와 함께 살며 이 성화를 받아야 한단 말이냐? 그 아이를 나에게 데려오너라."하셨다. 그들이 아이를 예수께 데려오자 악령이 예수를 보고는 곧 아이에게 심한 발작을 일으키게 했다. 그래서 아이는 땅에 넘어져 입에서 거품을 흘리며 뒹굴었다. 예수께서 그 아버지에게 "아이가 이렇게 된 지 얼마나 되었느냐?"하고 물으시자 그는 이렇게 대답하였다. "어렸을 때부터입니다. 악령의 발작으로 그 아이는 불 속에 뛰어들기도 하고 물 속에 빠지기도 하였습니다. 그래서 여러 번 죽을 뻔하였습니다. 선생님께서 하실 수 있다면 자비를 베푸셔서 저희를 도와주십시오." 이 말에 예수께서 "'할 수만 있다면' 이 무슨 말이냐? 믿는 사람에게는 안 되는 일이 없다."하시자 아이 아버지는 큰소리로 "저는 믿습니다. 그러나 제 믿음이 부족하다면 도와주십시오."하고 청하였다. 예수께서는 사람들이 몰려드는 것을 보시고 더러운 악령을 꾸짖으시며 "말 못하게 하고 듣지 못하게 하는 악령아, 들어라. 그 아이에게서 썩 나와 다시는 들어가지 마라."하고 호령하셨다. 그러

---

32) 세 번째 주일: 히브리 4장14절-5장6절, 네 번째 주일: 히브리 6장13-20절, 다섯 번째 주일: 히브리 9장11-14절을 참고하라.

자 악령이 소리를 지르며 그 아이에게 심한 발작을 일으켜놓고 나가버렸다. 그 바람에 아이가 죽은 것같이 되자 사람들은 모두 "아이가 죽었구나!" 하고 웅성거렸다. 그러나 예수께서 아이의 손을 잡아 일으키시자 그 아이는 벌떡 일어났다. 그 뒤 예수께서 집으로 들어가셨을 때에 제자들이 "왜 저희는 악령을 쫓아내지 못하였습니까?"하고 넌지시 물었다. 예수께서는 "기도하지 않고서는 그런 것을 쫓아낼 수 없다."하고 대답하셨다. 예수의 일행이 그 곳을 떠나 갈릴래아 지방을 지나가게 되었는데 예수께서는 이 일이 사람들에게 알려지는 것을 원치 않으셨다. 그것은 예수께서 제자들을 따로 가르치고 계셨기 때문이다. 그는 제자들에게 "사람의 아들이 잡혀 사람들의 손에 넘어가 그들에게 죽었다가 사흘 만에 다시 살아날 것이다."하고 일러주셨다.

(네 번째 주일, 마르코 9장17-31절)

그는 제자들에게 "사람의 아들이 잡혀 사람들의 손에 넘어가 그들에게 죽었다가 사흘 만에 다시 살아날 것이다."하고 일러주셨다. 그러나 제자들은 그 말씀을 깨닫지 못했고 묻기조차 두려워하였다. 그들은 가파르나움에 이르렀다. 예수께서는 집에 들어가시자 제자들에게 "길에서 무슨 일로 다투었느냐?"하고 물으셨다. 제자들은 길에서 누가 제일 높은 사람이냐 하는 문제로 서로 다투었기 때문에 아무 대답도 하지 못하였다. 예수께서는 자리에 앉아 열두 제자를 곁으로 부르셨다. 그리고 "첫째가 되고자 하는 사람은 꼴찌가 되어 모든 사람을 섬기는 사람이 되어야 한다."하고 말씀하신 다음 어린이 하나를 데려다가 그들 앞에 세우시고 그를 안으시며 제자들에게 이렇게 말씀하셨다. "누구든지 내 이름으로 이런 어린이 하나를 받아들이면 곧 나를 받아들이는 것이고, 또 나를 받아들이는 사람은 나만을 받아들이는 것이 아니라 곧 나를 보내신 이를 받아들이는 것이다." 요한이 예수께 "선생님, 어떤 사람이 선생님의 이름으로 마귀를 쫓아내는 것을 보았는데 그는 우리와 함께 다니는 사람이 아니었습니다. 그래서 그런 일을 못하게 막았습니다."고 말하였다. 예수께서는 "말리지 마라. 내 이름으로 기적을 행한 사람이 그 자리에서 나를 욕하지는 못할 것이다. 우리를 반대하지 않는 사람은 우리를 지지하는 사람이다. 나는 분명히 말한다. 너희가 그리스도의 사람이라고 하여 너희에게 물 한 잔이라도 주는 사람은 반드시 자기의 상을 받을 것이다." "또 나를 믿는 이 보잘것없는 사람들 가운데 누구 하나라도 죄짓게 하는 사람은 그 목에 연자 맷돌을 달고 바다에 던져지는 편이 오히려 나을 것이다. 손이 죄를 짓게 하거든 그 손을 찍어버려라. 두 손을 가지고 꺼지지 않는 지옥의 불 속에 들어가는 것보다는 불구의 몸이 되더라도 영원한 생명에 들어가는 편이 나을 것이다. 발이 죄를 짓게 하거든 그 발을 찍어버려라. 두 발을 가지고 지옥에 던져지는 것보다는 절름발이가 되더라도 영원한 생명에 들어가는 편이 나을 것이다."

(다섯 번째 주일, 마르코 10장32-45절)

 세례 예비자 교육, 위대한 빠스까 신비를 향한 준비는 그 최종적 목적지에 도달한다. 그리스도의 죽으심과 부활에 들어갈 결정적인 시간이 눈앞에 다가온 것이다.
 오늘날 대 사순절은 더 이상 세례 예비자가 세례를 준비하는 기간이 아니다. 하지만 세례받고 견진받았다 할지라도, 우리 모두는 어떤 의미에서 아직도 세례예비자이지 않는가? 아니 오히려 우리는 매년 그렇게 되어야만 하는 것은 아닌가? 우리는 너무나 자주 넘어졌고, 너무나 자주 우리 자신이 참여했던 그 위대한 신비로부터 잘려져 나가지 않았던가? 그리스도로부터, 그분의 왕국으로부터 끊임없이 멀어져만 가는 우리네 인생에서 우리는 매년 그리스도교 신앙의 원천으로 "다시 돌아가는 이 여행"을 해야 할 필요가 있지 않는가?

대 사순절의 중간 : 거룩한 십자가

　대 사순절 세 번째 주일은 '십자가 경배 주일'이라 불린다. 이날 조과에서는 대 영광송 후에 장엄한 행렬과 함께 십자가를 성당 중앙에 옮겨 놓는다. 십자가는 이곳에 일주일 동안 보존되고 모든 예식에서 특별한 의식을 통해 경배된다. 십자가 경배 주일의 성가에서 지배적인 위치를 점하는 십자가의 주제는 고통보다는 승리와 기쁨의 용어들로 표현된다. 게다가 주일조과 까논의 이르모스[33]의 음악적 테마들은 이미 "부활의 날에…."라고 시작되는 부활절 예식에서 가져온 것이고 까논 전체가 부활절 까논의 복사판이다.

　이 모든 것의 의미는 분명하다. 우리는 대 사순절의 한 가운데에 있다는 것이다. 한편으로 육체적 영적 분투들을 그동안 진지하고도 지속적으로 실천해 왔다면, 우리는 힘겨움을 느끼고 지치고 피로해진다. 우리에게는 도움과 격려가 필요하다. 다른 한편으로 이 고단함을 견디고 이

---

[33] 역자 주) 조과 혹은 석후과에 불려지는 모든 까논은 사순절 기간을 제외할 때 보통 8개(1오디 그리고 3오디-9오디)의 오디로 구성되고, 각각의 오디는 한 개의 이르모스 성가와 다수의 뜨로빠리온 성가로 구성된다. 여기서 이르모스 성가는 주로 구약성경의 주제들을 소재로 삼고 있으며, 이어지는 뜨로빠리온 성가들의 음악적 본보기가 된다. 참고로 까논의 구조를 잠깐 설명하자면, 3오디와 4오디 사이에 까띠스마 성가가 위치하고 6오디와 7오디 사이에는 콘다키온과 이코스 그리고 그날의 시낙사리온이 위치하고 8오디와 9오디 사이에는 마리아 찬가(루가 1장 46-55절)가 위치한다.

단계까지 등정해 왔기 때문에 이제 우리는 이 순례여정의 목적지를 조금씩 알아보게 되고 점점 밝아오는 부활의 빛을 보기 시작한다. 대 사순절은 우리 자신을 십자가에 못박아 죽이는 것이요, 비록 제한된 것이지만 십자가를 지라는 그리스도의 계명에 대한 우리의 실천적 체험이다. 주일 복음경 봉독 본문은 우리에게 이것을 들려준다.

예수께서 군중과 제자들을 한 자리에 불러놓고 이렇게 말씀하셨다. "나를 따르려는 사람은 누구든지 자기를 버리고 제 십자가를 지고 따라야 한다. 제 목숨을 살리려는 사람은 잃을 것이며, 나 때문에 또 복음 때문에 제 목숨을 잃는 사람은 살릴 것이다."

(마르코 8장 34절)

하지만 그리스도께서 우리를 구원하시기 위해 짊어지신 그분의 십자가를 가지고 있지 않다면 우리는 우리 자신의 십자가를 질 수도 그리스도를 따를 수도 없을 것이다. 다른 모든 십자가들에 의미를 부여해줄 뿐만 아니라 그것들이 실제적인 효력을 가질 수 있게 해주는 것은 바로 그리스도의 십자가이다. 십자가 경배 주일 시낙사리온[34]이 이를 잘 설명해준다.

대 사순절 세 번째 주일인 오늘을 우리는 고귀하고 생명을 주시는 십자가 경배 축일로 지냅니다. 사십일 동안의 금식을 통해 우리는 정욕에 대해

---

34) 역자 주) 시낙사리온은 조과 까논 6오디 다음에 위치하며, 까논을 통해 기념하고자 하는 해당 축일의 거룩한 사건이나 주제에 대한 설명 혹은 해당 축일 성인의 생애에 대한 간략한 소개를 담고 있다.

죽음으로써 우리 자신을 십자가에 못박고, 쓴맛에 입맛을 잃고 초죽음이 되었습니다. 하지만 고귀하고 생명을 주는 십자가가 우리에게 다가와 생기를 되찾게 해주고 우리 주님 예수 그리스도의 수난을 기억하게 해줌으로써 우리를 격려합니다. … 긴긴 돌길을 달려와 피곤에 지친 사람들이 무성한 잎으로 아늑한 그늘을 제공해주는 나무를 만나 잠시 앉아 휴식을 취한 다음, 다시 힘을 얻고 나머지 갈 길을 내달리듯 말입니다. 이제 이 금식 기간, 이 좁고 힘겨운 길을 가는 우리를 위해 거룩한 교부들이 그 한 가운데에 생명을 주는 십자가를 심어 놓아 우리를 휴식하게 하고 새로운 활력을 불어넣어주며 피로를 씻어주고 앞으로 더 경주해야할 분투를 위해 새롭게 다짐하게 해줍니다. 다른 예를 들면, 그것은 임금님이 오시는 것에 비유할 수 있습니다. 임금의 깃발과 문장이 앞서고 그 다음 임금님이 행차합니다. 마찬가지로 곧 우리에게 죽음에 대한 승리를 보여주시고 부활의 날에 영광 속에 오실 우리 주님 예수 그리스도께서도 미리 그분의 왕홀이요 왕의 문장인 생명을 주는 십자가를 우리에게 보내신 것입니다. 그래서 가능한 한 최대로 우리에게 기쁨과 새 힘을 가득 채워주시고 우리로 하여금 곧 임금님 자신을 만나 뵙고 그분의 승리를 소리 높여 경축할 만반의 채비를 갖추도록 하시려는 것입니다. … 그것은 이 주간이 참회와 고된 금식을 실천해 온 우리가 물밀듯 엄습하는 쓰라림과 권태를 경험하며 마치 마라의 쓴물 곁에 있는 것처럼 여겨지는 이 거룩한 대 사순절의 한 가운데에 있기 때문입니다. … 하지만 그리스도께서는 광야를 가로지르는 우리에게 힘을 주시어 그분 자신의 부활을 통해 영적 예루살렘에 오르게 해주십니다. … 십자가는 생명나무라 불릴 뿐만 아니라 실제로도 그러하므로, 또한 이 나무는 에덴동산 한가운데 심겨졌기에, 거룩한 교부들은 아담의 탐욕과 이 나무를 통한 아담의 회복을 상기시키기 위해서 거룩한 대 사순절 한가운데에 십자가의 나무를 심어 놓은 것입니다. 이 나무를 가진 우리는 더 이상 죽지 않고 영원한 생명을 누릴 것이기 때문입니다. …

새 힘과 원기를 회복한 우리는 대 사순절의 후반기에 이를 것이다. 네 번째 주일, 우리는 다시 한번 다음과 같은 선언을 듣게 될 것이다.

사람의 아들은 사람들의 손에 넘겨져 그들 손에 죽을 것이다. 그러나 그는 죽임을 당하였다가 사흘 만에 다시 살아날 것이다. …

(마르코 9장31절)

이제부터는 우리 자신과 우리의 참회 혹은 우리의 노력은 더 이상 강조되지 않는다. 반대로 "우리를 위해 우리의 구원을 위해" 성취된 사건들에 초점이 맞춰진다.

주여,
성 대 주간에 앞서서 당신은
라자로가 죽은 자들 중에 다시 살아나는 것을 기다리는
이 날을 주셨나이다.
이 거룩한 대 사순절의 경기장을 달리면서
이제 당신의 종들이 두려움을 가지고
당신 앞으로 걸어갈 수 있게 해주소서.

(대 사순절 다섯 번째 주간 월요일 조과 까띠스마 III)

절반을 넘어선 이 대 사순절에
영광스런 생명의 시작을 보여주소서.
그리하여 거룩한 생활을 마친 후
결코 멈추지 않을 행복에 다다를 수 있도록 합시다.

(대 사순절 네 번째 주일 만과의 스티히라)

다섯 번째 주간 목요일 조과에서 우리는 다시 한번 더 크레테의 안드레아 성인의 「참회의 대 까논」을 통째로 듣는다. 대 사순절을 시작할 때 이 까논은 참회로 들어가는 열린 문과 같았다면, 이제 그것은 그동안 우리가 참회를 통해 경험하고 성취한 모든 것의 요약처럼 읽혀진다. 첫 주간에는 그것을 단지 듣기만 하였다면 이제 말 한마디 한마디가 우리 자신의 것이 된다. 그것은 우리 자신의 탄식이요 우리의 소망이요 우리의 참회이며 대 사순절 동안 우리의 싸움의 기준이다. 이 모든 것 중에 과연 참으로 우리 자신의 것이 된 것은 무엇인가? 이 참회의 대로에서 우리는 어디까지 왔는가? 이제 우리와 관련된 모든 것은 그 마지막 지점을 코앞에 두고 있기 때문이다. 이제 우리는 제자들을 따라간다. 다섯 번째 주일 복음경 봉독 본문은 이렇다.

예수의 일행이 예루살렘으로 올라가는 길이었다. 그 때 예수께서 앞장서서 가셨고 그것을 본 제자들은 어리둥절하였다. 그리고 그 뒤를 따라가는 사람들은 불안에 싸여 있었다. 예수께서 다시 열두 제자를 가까이 불러 장차 당하실 일들을 일러주셨다. "우리는 지금 예루살렘으로 올라가는 길이다. 거기에서 사람의 아들은 대사제들과 율법학자들의 손에 넘어가 사형

선고를 받고 다시 이방인의 손에 넘어갈 것이다. 그러면 그들은 사람의 아들을 조롱하고 침뱉고 채찍질하고 마침내 죽일 것이다. 그러나 사람의 아들은 사흘 만에 다시 살아날 것이다." 제베대오의 두 아들 야고보와 요한이 예수께 가까이 와서 "선생님, 소원이 있습니다. 꼭 들어주십시오." 하고 말하였다. 예수께서 그들에게 "나에게 바라는 것이 무엇이냐?" 하고 물으시자 그들은 "선생님께서 영광의 자리에 앉으실 때 저희를 하나는 선생님의 오른편에 하나는 왼편에 앉게 해주십시오." 하고 부탁하였다. 그래서 예수께서는 "너희가 청하는 것이 무엇인지나 알고 있느냐? 내가 마시게 될 잔을 마실 수 있으며 내가 받을 고난의 세례를 받을 수 있단 말이냐?" 하고 물으셨다. 그들이 "예, 할 수 있습니다." 하고 대답하자 예수께서 다시 이렇게 말씀하셨다. "너희도 내가 마실 잔을 마시고 내가 받을 고난의 세례를 받기는 할 것이다. 그러나 내 오른편이나 왼편 자리에 앉는 특권은 내가 주는 것이 아니다. 그 자리에 앉을 사람들은 하느님께서 미리 정해 놓으셨다." 이 대화를 듣고 있던 다른 열 제자가 야고보와 요한을 보고 화를 냈다. 그래서 예수께서는 그들을 가까이 불러놓고 "너희도 알다시피 이방인들의 통치자로 자처하는 사람들은 백성을 강제로 지배하고 또 높은 사람들은 백성을 권력으로 내리누른다. 그러나 너희는 그래서는 안 된다. 너희 사이에서 누구든지 높은 사람이 되고자 하는 사람은 남을 섬기는 사람이 되어야 하고 으뜸이 되고자 하는 사람은 모든 사람의 종이 되어야 한다. 사람의 아들도 섬김을 받으러 온 것이 아니라 섬기러 왔고, 또 많은 사람들을 위하여 목숨을 바쳐 몸값을 치르러 온 것이다." 하셨다.

(마르코 10장 32-45절)

예식들의 음조는 바뀐다. 대 사순절의 전반기에 우리의 노력은 우리 자신의 정화에 초점을 두었지만, 이제 그것은 이 정화가 그 자체로 목적이 아니라, 십자가와 부활의 신비를 관상하고 이해하고 그것을 우리 자신의 것으로 만들기 위해 필요한 것임을 깨닫는 데 초점을 맞춘다. 우리의 모든 노고의 의미는 이제 그동안 망각하고 있었고 또 그런 망각에 너무 익숙해진 나머지 당연히 받아야 할 어떤 것으로 여겨왔던 이 신비에 실제적으로 참여하는 것이다. 제자들과 함께 예루살렘으로 올라가시는 예수님을 따라가지만 우리는 그저 "놀라움과 두려움"으로 가득 차 있다.

베다니아와 예루살렘으로 가는 길

대 사순절의 마지막인 여섯 번째 주간은 '성지 주간'[35]이라 불린다. 라자로의 부활 토요일과 성지 주일에 앞서는 6일 동안 교회의 전례는 우리로 하여금 그리스도를 따라가게 하고 그리스도께서는 친구 라자로의 죽음을 예고하며 이어서 베다니아와 예루살렘을 향한 여정을 시작하신다. 이 주간의 주제와 음조는 다섯 번째 주일 저녁 만과에 이미 표현된다.

거룩한 대 사순절의 여섯 번째 주간을
열정을 가지고 시작하면서, 신자들이여,
성지주일 축일 전 기간에 주님께 찬양의 노래를 불러드립시다.
주님은 죽음을 멸하시기 위해
그 신성의 영광과 권능 안에서 예루살렘을 향해 가시나니,
그러므로 온 세상의 창조주께 호산나를 외치기 위해

---

[35] 역자 주) 성지주간은 성지주일(주님의 예루살렘 입성축일) 이전의 한 주간으로, 성지주일 다음에 오는 성 대 주간과는 다른 것이다. 그러므로 성지주간, 라자로의 부활 토요일, 성지주일, 성 대 주간, 부활주일의 순서로 이어진다.

승리의 상징을, 우리의 덕의 나뭇가지를 준비합시다.

(대 사순절 여섯 번째 주일 만과 스티히라)

관심의 초점은 라자로, 그의 병, 그의 죽음, 가족의 고통, 이 모든 것에 대한 그리스도의 태도에 맞춰진다.

월요일, 우리는 듣는다.

오늘 라자로의 병이
요르단 강 건너에서 지체하고 계신 그리스도께 알려졌도다.
하지만 그리스도께서는 예지 안에서 선언하셨도다.
이 병은 죽음에 영원히 이를 병은 아니로다!

(대 사순절 여섯 번째 주간 월요일 조과 까논 9오디)

화요일,

어제처럼 오늘도 라자로는 병들어 고통받고 있도다.
그의 자매들은 그리스도께 알렸도다.
베다니아여,
너의 주인, 너의 임금을 맞이하기 위해 기쁨으로 준비할지어다.
우리와 함께 찬양할지어다.
주여, 당신께 영광돌리나이다.

(대 사순절 여섯 번째 주간 화요일 조과 까띠스마 III)

수요일,

오늘, 라자로가 무덤에 묻혔나이다.
그의 가족과 친구들은 그를 생각하며 애통해 했나이다.
하오나, 당신은 하느님으로서 모든 것을 미리 다 아시고,
제자들에게 그 병을 예고하시며 말씀하셨나이다.
"라자로가 잠들었도다.
하지만 이제 내가 창조한 그를 나는 다시 부활시킬 것이로다."
그러므로 우리 모두는 당신께 찬양드리나이다.
주여, 당신의 지존하신 권능에 영광 돌리나이다.

(대 사순절 여섯째 주간 수요일 조과 까띠스마 III)

목요일,

라자로는 이틀 전부터 무덤 속에 있고,
그의 두 자매 마르타와 마리아는 무덤의 돌을 애처롭게 바라보며,
그로 인해 큰 슬픔을 겪는도다.
그러나 창조주께서는
죽음을 걷어내고 우리에게 생명을 주시기 위해
제자들과 함께 전진해 가시는도다.
그러므로 우리는 외치나니,
주여, 당신께 영광 돌리나이다.

(대 사순절 여섯째 주간 목요일 조과 까띠스마 III)

그리고 금요일,

많은 유대인들이 오늘,
라자로의 자매들을 만나 위로해주기 위해,
예루살렘에서 베다니아로 왔도다.
그러나 내일이면 라자로는
그리스도의 말씀에 순종해 무덤에서 나올 것이로다.

(대 사순절 여섯째 주간 금요일 조과 5오디 8조)

이렇게 한 주간 전체는 그리스도께서 먼저는 친구 라자로의 죽음을 통해서 그 후에는 자기 자신의 죽음 안에서 죽음과 조우할 것이라는 사실에 대한 영적 관상 안에서 지나간다. 그리스도의 시간이 조금씩 다가온다. 그분께서 종종 말씀하셨고 그분의 모든 지상 사역이 향하고 있었던 바로 그 시간 말이다. 우리는 자문해 보아야 한다. 대 사순절 전례에서 이 관상의 위치와 의미는 무엇이며, 그것이 대 사순절 동안 우리가 경주하는 싸움과 어떻게 연관되는지 말이다.

이 질문들은 여기서 한 마디 언급하지 않으면 안 될 또 다른 질문을 전제한다. 그리스도의 생애의 여러 사건들을 기념하면서 교회는 항상은 아니더라도 아주 자주 과거와 현재를 중첩시킨다. 그래서 주님의 탄생 축일에 우리는 "**오늘**, 동정녀께서 …"라고 노래하고, 성 대 금요일에도 "**오늘**, 주님께서 빌라도 앞에…"라고 노래하며, 성지주일에도 "**오늘** 주님께서 예루살렘에 들어가신다…"라고 찬양한다. 그러므로 문제는 이 중첩이 의미하는 바가 무엇이며, 전례에서 말하는 이 '**오늘**'의 의미가 무엇인지 아는 것이다.

신자들 대다수는 아마도 이것을 하나의 수사학적 은유나 어떤 시적 표현으로 간주할 것이다. 전례 기도에 대한 우리의 현대적 관념은 지나치게 이성적이거나 아니면 감상적이기에 그렇다.

이성적이라 함은 전례적 기념을 이러저러한 생각들로 환원하는 것이다. 그것은 교부들의 시대가 쇠퇴하면서부터 동방 정교 안에서 발전되기 시작한 '서방화된' 신학에 그 뿌리를 두고 있다. 이 신학에 의하면 전례는 차라리 구체적인 정의들, 지적 관념들을 뽑아내야할 거친 자료들일 뿐이다. 전례에서 지적인 진리 안에 포함되지 않는 모든 것은 '시적인 것'으로 낙인찍히고 만다. 다시 말해 너무 심각하게 생각할 게 못 되는 것으로 여겨진다는 말이다. 교회가 기념하는 사건들은 분명 과거에 속하는 것이기 때문에 전례 속의 '오늘'의 의미는 그리 크게 고려되지 않는다.

전례에 대한 감상적 이해는 자기 자신에 초점을 둔 개인주의적 신심의 결과로서 많은 점에서 지성적인 신학에 대한 견제라 할 수 있다. 이런 류의 신심에 있어서 전례란 무엇보다도 개인적 신심에 유용한 틀이요, 우리의 마음을 '녹여' 하느님께 향하도록 하는 데 목적을 두는 배경이 된다. 예식들의 내용과 의미, 전례 본문들, 의식들과 제반 행위들은 단지 이차적인 중요성을 가질 뿐이다. 그것들은 내가 기도에 전념할 수 있도록 해주는 한에서만 유익하고 가치 있는 것이 된다. 그래서 다른 모든 전례 본문들과 마찬가지로 전례적인 '오늘'도 막연하게 신심있고 영감있는 '기도' 속에 해소되어 버린다.

우리 교회의 정신은 오랫동안 이 두 관념 사이에서 오락가락해왔고 그래서 오늘날 교회의 참된 전례란 '어떤 사상들'이나 하나의 '기도'로만 간주되어서는 안되는 그 무엇이라는 점을 이해하는 것이 참으로 어렵도록 만들었다. 우리는 어떤 관념들로 예배하지 않는다! 개인적인 기도로 말하자면 복음경에서도 말하고 있듯이 골방에 들어가서 하느님과의 개인적인 교제 안에 들어가면 될 것 아닌가?(마태오 6장6절)

일반적으로도 예식이라는 개념 자체는 하나의 사건이자 그것에 대한 사회적 혹은 공동체적 반향을 동시에 함축한다. 예식은 사람들이 모일 때만 가능하다. 개인적 고립과 자연적인 분리의 상황들을 넘어서서 마치 단 하나의 몸처럼, 참으로 단 하나의 존재인 것처럼 함께 모여서 주어진 사건(예를 들자면 봄축제, 결혼식, 장례식, 승전식 등과 같이)에 반응하는 것이다. 모든 예식이 본래적으로 가지고 있는 기적은 비록 잠시라 할지라도 생각의 차원, 개인의 차원을 초월하는 데 있다. 예식 안에서 우리는 진정 우리 자신을 잊고 특별한 방식으로 타인을 다시 만나게 되는 것이다.

그렇다면, 교회가 모든 예식들을 시작할 때 사용하는 이 '오늘'의 의미는 무엇일까? 어떤 의미에서 과거의 사건들이 오늘 하나의 예식으로 기념되는가?

우리는 아무 과장 없이 교회의 모든 삶은 하나의 지속적인 '기념'이요 '기억'이라고 말할 수 있다. 모든 예식의 말미에 우리는 "오늘 축일로 기억하고 기념하는…"이라고 말한다. 하지만 이 모든 기억의 바탕에는 '그리스도의 기념체'로서의 교회가 있다.

순전히 본성적인 관점에서 볼 때 기억은 애매모호한 기능이다. 그래서 사랑하지만 잃어버린 그 누군가를 기억한다는 것은 두 가지를 의미한다. 한편으로 기억이란 과거에 대한 단순한 앎 이상의 그 무엇이다. 돌아가신 아버지를 기억하여 떠올리면 나는 그분을 본다. 그는 내 기억 속에 현존한다. 하지만 이 현존은 그저 그에 대해 내가 알고 있는 모든 지식의 집합체로 나타나는 것이 아니라 오히려 마치 살아있기라도 하듯 아주 생생한 현실로 나타난다. 다른 한편, 그럼에도 불구하고 이 현존 자체는 나로 하여금 그가 더 이상 여기에 있지 않다는 것, 그래서 내 기억 속에선 너무도 명확하게 볼 수 있거늘 이 세상에서는 실제로는 더 이상 그의 손을 만질 수 없다는 사실을 뼈아프게 느끼도록 해준다. 그러므로 기억은 인간이 가지고 있는 모든 기능 중에서도 가장 경이로운 것이면서 동시에 가장 비극적인 것이다. 그 무엇도 우리 인생이 가지고 있는 이 '부러짐'의 특징, 이 세상에서는 그 어떤 것이라도 영원히 간직하고 소유할 수 없다는 이 자명한 사실을 더 잘 드러내 줄 수는 없기 때문이다. 나의 기억은 "시간과 죽음이 이 땅을 지배한다"고 내게 말한다.

하지만 바로 인간만이 가지고 있는 기억의 이와 같은 기능 때문에 그리스도교는 이 기억에 초점을 맞춘다. 그리스도교는 무엇보다도 한 인간(예수 그리스도), 한 사건(예수 그리스도의 구원 사역), "이것을 기념하여 행하라"라고 우리에게 말하는 칠흑 같이 깊었던 한 밤에 대한 기억이기 때문이다. 보라 하나의 기적이 일어난다. 우리는 그분을 기억하고, 그분은 여기 계신다! 그것은 과거에 대한 향수어린 이미지나 '더는 볼 수 없다'는 슬픔으로서가 아니다. 오히려 너무도 강렬한 방식으로 현존하시기에 교회는 엠마오로 가던 제자들의 말을 영원토록 되풀이 할 수 있는 것이다. "길에서 우리에게 말씀하실 때나 성경을 풀이해 주실 때 속에서 우리 마음이 타오르지 않았던가!"(루가 24장 32절)

본래 기억이란 먼저 '부재하는 것의 현존'이다. 그래서 기억이 우리가 기억하는 사람을 현존하게 하면 할수록 그의 부재를 느끼는 고통 또한 더욱 강렬해진다. 하지만 그리스도 안에서 기억은 다시 이 단절된 시간을, 죄와 죽음, 미움과 망각으로 인해 끊겨진 이 시간을 채우는 능력이 된다.

시간과 그것의 단절을 능가하는 능력으로서의 이 새로운 기억은 전례 거행의 한 복판에서, 전례적인 '오늘'에서 발견된다. 분명 동정녀가 오늘 출산한 것은 아니다. 오늘 그 누구도 실제적으로 빌라도 앞에 서 있지 않다. 하나의 사실로서의 이 사건들은 과거에 속한다. 하지만 오늘 우리는 이 사실들을 기억할 수 있다. 그리고 교회는 무엇보다도 이 과거의 사실들을 영원한 가치를 가진 사건들로 변화시키는 이 기억의 선물이요 능력이다.

이렇게 전례 거행 안에서 교회는 다시 한번 사건 안으로 들어간다. 이 사건에 대한 '생각'만이 아니라 그 사건이 주는 기쁨과 슬픔, 그 사건의 구체적이고 살아있는 현실 속으로 들어간다. "나의 아버지, 나의 아버지, 어찌하여 나를 버리십니까?"라고 울부짖으심으로써 십자가에 달린 그리스도께서 자신의 낮추심(케노시스)과 겸손을 나타내보이셨다는 것을 그저 머리로 '아는 것'과 매년 이 유일무이한 금요일에 그것을 '예식으로 기념하는 것'은 전혀 다른 것이다. 이 성 대 금요일, 우리는 아무런 사변적 추론을 하지 않더라도 단 한 번 모두를 위해 던져진 그리스도의 이 말씀이 영원한 현실을 담고 있으며 그래서 어떤 승리도, 어떤 영광도, 어떤 '사변적 종합'도 그 현실을 지워버릴 수 없다는 것을 확실하게 알고 있다. 라자로의 부활이 "보편적 부활에 대한 믿음을 굳세게 해준다"(이 날의 뜨로빠리온)고 간단히 '설명하는 것'은, 한 주간 내내 매일 점점 가까이 다가오는 생명과 죽음의 이 결정적 조우를 예식으로 기념하고 그 조우에 참여하며 우리 눈으로 그것을 목격하여 우리의 전존재로 요한 사도의 다음과 같은 말씀이 포함할 수 있는 그 무엇을 느끼는 것과는 다른 것이다.

예수께서 마리아뿐만 아니라 같이 따라온 유다인들까지 우는 것을 보시고 비통한 마음이 북받쳐 올랐다. "그를 어디에 묻었느냐?"하고 예수께서 물으시자 그들이 "주님, 오셔서 보십시오."" 하고 대답하였다. 예수께서는 눈물을 흘리셨다.

(요한 11장33-35절)

이 모든 것이 우리를 위해서 또 우리에게 '오늘' 다가온다. 우리는 베다니아 무덤 앞에서 서글피 울고 있는 라자로의 자매들과 함께 있지 않았다. 복음경은 단지 그것을 우리에게 알려줄 뿐이다. 하지만 오늘, 교회의 예식 안에서 하나의 역사적 사실은 우리를 위한, 나를 위한 사건이 되고 내 삶의 능력이 되고 기억이 되고 또 기쁨이 된다. 생각이라는 관점에서 보면 라자로의 부활이 보편적 부활에 대한 확신을 제공한다고 말하는 것으로 만족하면 그만인데 무엇하러 성지주간의 5일이나 필요하겠는가? 하지만 사실 이 짧은 명제 그 자체는 아무런 확신도 주지 못한다. 참된 확신은 5일간의 예식으로부터 온다. 바로 이 5일 동안의 예식에 참여하는 우리는 생명과 죽음 사이의 이 치명적인 싸움이 시작되었음을 목격한 증인들이 된다. 우리는 죽음을 멸하기 위해 전진하시는 그리스도를 단지 이해하려고만 하지 않고 더 나아가 그분을 만나 뵙고자 한다.

라자로의 부활, 이 유일무이한 토요일의 놀라운 전례 예식은 대 사순절 너머에, 그것을 다 마친 후에 다가온다. 직전 금요일 우리는 이렇게 노래한다.

> 사람의 친구이신 주님이시여,
> 사십일의 마지막에 도달한 우리는 당신께 간구하나이다.
> 우리가 당신의 수난의 거룩한 주간을 보게 하소서.
> 당신의 높으신 행적과 당신의 형언할 수 없는 구원의 업적에
> 영광 돌리며 한 목소리로 찬양하게 하소서.
> 주여, 당신께 영광 돌리나이다.
>
> (대 사순절 여섯째 주간 금요일 조과 아뽀스띠하)

전례 용어로 볼 때, 라자로의 토요일과 성지주일은 '십자가의 서곡'이다. 하지만 이 날들을 위해 아주 독특하고도 줄기차게 준비해가는 대 사순절의 이 마지막 주간은 대 사순절의 의미를 결정적으로 드러내준다.

이 책 처음에 우리는 대 사순절이 부활절을 향한 하나의 준비라고 말했다. 그럼에도 불구하고 실제로 우리 모두의 오랜 습관 속에서 볼 때, 이 준비는 추상적이고 이론적일 뿐이다. 대 사순절과 부활절은 그 관계나 상호의존성이 이해되지도 못한 채 나란히 병치된다. 대 사순절이 연례적인 고백성사와 영성체의 의무를 실행하는 기간으로 간주될 때조차

우리는 그것을 습관적으로 개인적인 노력이라는 형태 아래서 이해한다. 그래서 그것은 늘 자기 자신에 초점이 맞춰져 있다. 다른 말로 하면 대사순절에 대한 우리의 경험에서 철저하게 배제된 것이 있다면 그것은 바로 이 육체적 영적 노력이 오늘 그리스도의 부활에 우리가 참여하는 것을 목표로 삼고 있다는 사실이다. 우리는 그것이 추상적 윤리나 도덕적 진보나 정념에 대한 통제력의 강화나 심지어는 개인적 완전의 성취와 관련된 것이 아니라 그리스도의 궁극적이고 우주적인 오늘에 참여하는 것임을 깨닫지 못하고 있다.

이것을 목표로 하지 않는 그리스도교 영성은 거짓 그리스도교가 될 위험이 있다. 왜냐하면 그것은 최종적 판단에 있어서 그리스도가 아니라 '나 자신'에 의해 추동되는 것이 될 공산이 크기 때문이다. 여기서 위험은 바로 우리의 마음이라는 방이 정화되고 청소되고 그곳에 살고 있던 악마들로부터 해방되었지만 그것이 텅 비어있다는 것이며, 그래서 악마는 자기보다 더 악한 영 일곱과 함께 다시 이 방에 돌아온다는 것이다. "그러면 그 사람의 형편은 처음보다 더 비참하게 된다."(루가 11장 26절) 이 세상에서는 모든 것이, 심지어는 '영성' 조차도 악마적인 것이 될 수 있다. 그러므로 빠스까의 위대한 '오늘'에 대한 참된 준비로서의 대 사순절의 의미와 흐름을 재발견하는 것은 너무도 중요하다.

이제 우리는 대 사순절이 크게 두 부분으로 구성되어 있다는 것을 알아보았다. 십자가 경배 주일 이전, 교회는 우리로 하여금 우리 자신에 관심을 집중하여 육체와 정념에 맞서 또 악과 모든 죄에 맞서 싸우도록 초대한다. 하지만 그렇게 할 때도 우리는 우리를 위해 준비된 "보다 나은 그 무엇"을 통해서 우리의 노력을 가늠하고 자극하기 위해 지속적으로 전방을 주시하도록 인도된다. 이어서 십자가 경배 주일부터 대 사순절 전례 예식의 중심이 되는 것은 그리스도의 수난의 신비, 그분의 십자가와 죽음이다. 전례는 '예루살렘으로의 올라감'이 된다. 끝으로 이 마지막 준비 주간 동안 그리스도의 죽으심과 부활의 신비에 대한 전례가 시작된다.

대 사순절의 노력은 우리로 하여금 우리 신앙과 소망과 기쁨의 중심적 대상을 짓눌러 흐릿하게 만들어버리곤 했던 모든 것들을 떠날 수 있게 해준다. 시간 또한 멈춘다. 우리는 베다니아를 향해, 아니 그것을 넘어 예루살렘으로 가는 여정에서 만나는 것들을 통해서만 시간을 측정한다. 다시 한번 더 이 모든 것은 결코 단순한 수사가 아니다.

사십일의 마지막에 도달한 우리는 외치나이다.
라자로의 고향, 베다니아 도읍아, 기뻐할지어다.
마르타와 마리아여, 기뻐할지어다.
내일이면 주님께서 오셔서
말씀 한마디로 당신들의 죽은 형제에게
생명을 되돌려 주실 것이로다."

(라자로 부활 토요일 전야인 금요일 만과의 스티히라)

단 한 번이라도 불완전하게라도 진정한 전례적 삶을 맛본 사람에게는, 이 찬양을 듣는 순간부터 눈에 보이는 외적 세계는 오히려 비현실적인 것이 되고, 그래서 세상과의 접촉을 유지해야 한다는 일상적 필요에 관심을 쏟기가 정말 힘들게 된다는 것이 분명해진다. '현실'은 바로 교회에서 행해지는 것들 속에, 나날이 우리로 하여금 기다림이 무엇인지 왜 그리스도교가 그 무엇보다도 먼저 하나의 기다림이요 준비인지를 깨닫게 해주는 이 전례 예식들 속에 있다. 그래서 금요일 저녁이 되어 우리가 "사십 일의 마지막에 도달한 우리는 외치나이다. …"라고 찬양할 때, 우리는 단순히 하나의 연례적인 그리스도교적 의무를 다한 것이 아니라 다음날 우리가 노래하게 될 다음과 같은 말씀이 바로 우리 자신의 것이 되도록 할 만반의 태세를 갖추게 되는 것이다.

죽음아,
그리스도께서는 벌써 라자로를 시작으로
너를 발가벗기는도다.
너의 승리가 어디 있느냐?
너의 독침이 어디 있느냐?

(라자로의 부활 토요일 조과 엑사뽀스띨라리온)

V
대 사순절과 우리의 삶

대 사순절을 심각하게 생각하라

지금까지 우리는 교회가 대 사순절의 전례 기도를 통해서 우리에게 제공해주고자 하는 주된 가르침이 무엇인지에 대해 언급했다. 이제 우리에게는 다음과 같은 질문을 제기하는 것이 필요하다.

이 가르침을 어떻게 우리의 삶 속에 적용할 것인가?

어떻게 하면 대 사순절이 우리의 실존에 단지 외적으로만이 아니라 실제적으로 영향을 미칠 수 있을까?

이를 다시 상기할 필요가 있겠나 싶지만, 과연 우리의 실존은 이 모든 예식, 성가, 까논들이 형성되고 전례의 규범들이 확립되던 시기에 살았던 이들의 실존과는 매우 다르다. 그들은 대부분 농촌지역에서 정교 신앙을 중심으로 유기적으로 조직된 세상 안에서 상대적으로 제한된 공동체를 이루며 살았다. 그래서 그들 각자의 삶의 리듬은 교회를 중심으로 한 것이었다. 하지만 지금 우리는 도시화되고 고도로 산업화된 어마어마한 사회 공동체 안에서 다양한 종교 신념들, 세속주의적 세계관들과 공존하며 살아가고 있으며 정교신자인 우리들은 주목받지 못하는 소수 집단을 이루며 살아간다. 대 사순절은 러시아나 그리스에서처럼 '눈에 확 드러나지' 않는다. 그래서 정말 중대한 질문이 던져진다. 일상적 삶에 기껏 한 두 가지의 '상징적인' 변화만을 주는 것을 넘어서서 어떻게 하면 진정으로 대 사순절에 충실하게 살 수 있을까?

예를 들어 대다수의 신자들에게 대 사순절 예식에 매일 참여하는 것은 불가능한 것이라는 점은 분명하다. 그들은 계속해서 주일에 성당을 찾을 것이다. 하지만 이미 알고 있듯이 대 사순절의 주일 전례는 적어도 겉보기에는 대 사순절의 분위기를 잘 반영하지 못한다. 그러나 비록 어렵긴 해도 대 사순절의 정신을 우리에게 가르쳐주는 가장 주요한 수단인 대 사순절의 전례 기도를 통해서 최소한의 느낌을 가질 수는 있을 것이다. 우리가 속해 있는 문화에서는 어떤 방식으로라도 대 사순절이 분명하게 부각되지 않기 때문에 오늘날 대 사순절에 대한 우리의 이해가 지극히 부정적이라는 것도 그리 놀랄 일이 아니다. 사람들은 그것을 고기나 기름진 것이나 춤이나 이런 저런 오락 등과 같은 것들이 금지된 어떤 기간쯤으로 간주한다. "당신은 대 사순절에 무엇을 포기할 것입니까?"라는 이 흔한 질문은 아주 폭넓게 유포된 부정적 관념을 잘 요약해준다. '긍정적인' 관점에서도 대 사순절은 내가 한 교구 성당 주보에서 읽었던 것처럼 "적어도 성지주일 전에는" 반드시 이행해야 되는 연례적인 고백성사나 영성체의 '의무 이행' 기간으로 인식된다. 이 의무를 이행하고 나면 그 뒤 남은 대 사순절의 기간은 긍정적인 의미를 모두 잃어버린다.

이렇게, 우리가 전례 기도를 통해서 규정해보고자 시도해온 대 사순절의 정신 혹은 '이상'과 평신도는 말할 것도 없고 심지어는 성직자들조차 그렇게 생각하고 지지하곤 하는 대 사순절에 대한 일반적인 관념 사이에는 정말 깊은 균열이 존재한다는 것은 분명하다. 왜냐하면 영적인 것을 단지 외적인 어떤 것으로 환원하는 것은 외적인 것들 배후에 있는 참된 영적 의미를 추구하는 것보다 늘 더 용이하기 때문이다. 대사순절이 오늘날도 여전히 지켜지고 있지만 우리 삶에 있어서 그것이 가지는 가치와 중요성이 많이 상실되었다고 말하는 것은 조금도 과장이 아니다. 그것은 더 이상 교회의 전례와 영성이 가르치고 있는 바의 참회와 재생의 욕조이기를 멈추었다.

그렇다면, 우리는 그것을 재발견할 수 있을까? 그것이 우리 실존의 일상적 현실 속에서 영적인 힘이 되게 할 수 있을까?

이 질문에 대한 대답이 '예'가 될지 '아니오'가 될지는 분명 "과연 우리는 대 사순절을 심각하게 생각하고자 하는가?"라는 질문에 어떻게 대답하느냐에 달려 있다.

오늘날 우리가 살아가고 있는 조건들이 아무리 새롭고 다르다 해도, 현대 세계가 세워놓은 어려움과 장애가 아무리 실제적이라 해도, 그 어떤 것도 절대적인 장애일 수 없고, 그 어떤 것도 대 사순절을 불가능한 것으로 만들지 못한다. 대 사순절이 점차적으로 우리 삶에서 그 영향력을 잃어왔다는 것이 사실이라면, 우리는 그것의 깊고도 참된 원인을 찾아야 한다. 그것은 바로 의식적이건 아니건 우리가 종교를 유명론(실재하지 않고 이름뿐인 어떤 것)으로, 피상적인 상징주의로 환원시켜버렸다는 것에 있다. 그것은 종교가 우리의 삶에 부과하는 심각한 요구들, 우리의 투신과 노력을 필요로 하는 이 종교적 요구들을 옆으로 제쳐놓거나 몰아내려는 하나의 방식이다. 한 가지 덧붙일 것은 바로 이러한 태도들이 어떤 의미에서는 우리 정교회 안에서도 하나의 특성이 되어버렸다는 것이다.

가톨릭과 개신교를 포함하는 서방 그리스도인들은 종교적으로 불가능하다고 생각되는 것과 마주쳤을 때 새로운 환경에 그것을 맞추기 위해서 차라리 종교 그 자체를 바꿨고, 그렇게 해서 종교가 여전히 실천가능한 것이 되게 했다. 예를 들면 아주 최근에 우리는 로마 가톨릭 교회가 금식을 최소한으로 축소했고 이어서 그것을 아예 없애버리는 것을 보았다. 우리는 정정당당하게 그와 같은 '맞추기'를 그리스도교 전통에 대한 배신이요 신앙의 약화라고 고발한다. 세상에 자신을 짜맞추지 않고, 그리스도교를 '쉬운 것'으로 만들어 버리는 어떤 타협도 받아들이지 않는 것, 이것은 분명 정교 신앙의 참됨과 영광이다. 그것은 정교회의 영광이지만, 우리 정교 신자들의 영광은 분명 아니다. 이미 오래 전 우리는 교회의 절대적 요구와 우리의 인간적 약함을 화해시킬 수단을 발견했다. 그것도 "부끄러움을 느끼지 못한 것은 물론이요" 한발 더 나아가 우리 자신을 합리화시키고 양심의 가책조차 느낄 수 없도록 온갖 이유들을 둘러대면서 말이다. 그 방법은 바로 이 교회의 요구들을 상징적으로만 이행하는 것이고, 이렇게 해서 타협적 형식주의는 오늘날 우리의 신앙 생활 전반에 깊이 스며들게 되었다.

예를 들어 우리는 우리의 전례와 전례에 대한 수도원적 규범을 재고해 볼 생각조차 하지 않고, 계속해서 한 시간 밖에 안되는 예식을 '철야 예배'라고 부르면서 자랑스럽게 이것이 9세기 성 사바스 대 수도원 수도승들이 드리던 예식과 똑같은 것이라고 설명한다! 대 사순절에 대해서도 "금식이란 무엇인가?", "대 사순절이란 무엇인가?"와 같은 근본적인 질문을 던지는 대신 그저 상징적인 대 사순절로 만족한다. 정교회 잡지나 소식지들 속에서 우리는 '대 사순절에 먹을 수 있는 맛난 음식' 조리법이나 목록들을 읽을 수도 있고, 또 어떤 성당은 대대적인 광고와 함께 '대 사순절의 근사한 만찬'을 마련하여 재정을 충당할 수도 있을 것이다. … 우리 정교회에서는 이렇듯 흥미롭고 화려하고 재밌는 전통들과 풍습들을 상징적 의미로 풀어 설명하길 좋아한다. 하지만 그런 것들은 우리들을 하느님과, 그리고 하느님 안에서의 새로운 삶과 맺어주기보다는 오히려 우리 조상들의 과거의 풍습들과 연결시켜 줄 뿐이어서, 날이 갈수록 이 종교적 풍속 배후에 있었던 종교의 긍극적 심각성들을 분별해내는 것은 더욱 더 힘들게 되었다.

다양한 풍습들 그 자체에는 어떤 잘못도 없다는 점을 나는 강조하고 싶다. 그것들이 생겨났을 때, 그것들은 분명 종교를 심각하게 받아들였던 한 사회의 수단이었고 표현이었다. 그것들은 그저 상징들이 아니라 삶 그 자체였다. 하지만 삶이 발전하고 전체적으로 점점 더 종교에 의해 덜 영향 받게 되자, 단지 몇 가지의 풍습만이 지난날의 삶의 양식에 대한 상징으로 남게 되었다. 살아남은 것은 가장 화려한 것들이면서 동시에 덜 힘든 것들이다. 바로 여기에 이러한 풍속들 속에서 영적 재생과 영적 노력으로의 부르심을 보기보다는 점점 더 종교 자체를 하나의 상징과 풍속의 체계로 생각하게 만드는 영적 위험이 있다. 오늘날 우리들은 금식을 실천하고 부활절의 영적 현실에 참여하는 것보다는 대 사순절 음식이나 부활절 상차림을 준비하는 데 더욱 열을 쏟는다. 말하자면 풍습들과 전통들이 다시 한번 그것들을 낳은 종교적 세계관과 결부되지 않는 한, 이 상징들이 심각하게 고려되지 않는 한, 교회는 생명을 잃고 말 것이며 생명을 낳는 아무런 능력도 갖지 못하게 될 것이다. '우리의 풍요로운 종교적 유산'을 그저 상징으로 만드는 대신 그것을 우리들 자신의 실제적인 삶 속에 통합시키는 일을 이제 시작해야 할 때이다.

그러므로 대 사순절을 심각하게 생각하는 것은 그것을 가능한 한 가장 심오한 차원에서 숙고한다는 것, 말하자면 응답, 결단, 계획, 지속적인 노력들을 요청하는 하나의 영적 부르심으로 이해해야 한다는 것을 의미한다. 우리가 이제는 확실히 알게 되었듯이 바로 그런 이유로 인해 교회는 대 사순절을 준비하는 주간들을 정했던 것이다. 이 준비의 기간은 바로 응답과 결단과 계획의 순간이다. 여기서 가장 쉽고도 가장 좋은 길은 우리를 인도하는 교회를 따르는 것이다. 그것은 대 사순절 이전의 다섯 번의 주일이 우리에게 제시해주는 다섯 개의 복음경 봉독 본문들을 묵상하는 것이어도 좋다.

1. 갈망(자캐오 이야기) 2. 겸손(세리와 바리사이파 사람 이야기) 3. 유배로부터의 귀환(돌아온 탕자 이야기) 4. 마지막 심판에 관한 예수 그리스도의 가르침 5. 용서에 관한 예수 그리스도의 가르침(용서의 주일)

이 복음경 본문들이 단순히 교회에서 듣고 마는 것이어서는 안 된다. 핵심은 그 말씀들을 '나의 삶 속에 가져가는 것'이고, 나의 구체적인 삶, 나의 가족의 상황, 나의 직업적 의무들, 나의 물질적 관심들, 내가 맺고 있는 구체적인 인간관계들과 관련지어 묵상하는 것이다.

이와 함께 대 사순절 준비 기간의 기도인 "생명을 베푸시는 이여, 회개의 문을 여소서"로 시작되는 참회의 뜨로빠리온과 시편 137편 "바빌론 기슭 거기에 앉아 시온을 생각하며 우네. …"를 묵상한다면, 우리는 '교회와 함께 느끼기'가 의미하는 바와 어떻게 전례 시기가 나의 일상적 삶을 채색해 가는지를 이해하기 시작할 것이다.

대 사순절의 전 기간은 또한 종교 서적을 읽는 영적 독서에 적합한 시기이기도 하다. 그것은 종교에 대한 우리의 지식을 증가시키는 것에 머물지 않고 특별히 우리의 영혼을 평소 그것을 사로잡고 있는 모든 것들로부터 정화시키기 위해서다. 우리의 정신이 수많은 집착, 관심, 걱정, 인상에 대해 아무런 통제능력도 갖추지 못한 채, 그것들에 얼마나 강하게 정복되어있는지 정말 믿지 못할 정도이다. 종교적인 영성 서적을 읽고 우리의 주의와 관심을 평소 우리 생각을 지배하던 것들과는 총제적으로 다른 어떤 것에 집중시킨다는 것은 그 자체만으로도 완전히 다른 정신적 영적 공기를 만들어 낸다.

이것들이 처방의 전부는 아니다. 대 사순절을 준비하는 또 다른 방법들도 있을 수 있다. 중요한 것은 이 준비기간 동안 우리가 대 사순절을, 저 멀리서 우리에게 다가오고 있는 그 무엇인 것처럼, 아니 하느님 자신에 의해서 우리에게 보내진 것처럼, 변화와 회복과 심화의 기회로서 바라보는 것이며, 이 기회를 진지하게 받아들여 만과에 참석하기 위해 집을 떠날 때 아주 소박한 방식으로라도 대 사순절을 시작하는 대 쁘로끼메논의 내용이 우리 자신의 것이 되도록 만반의 채비를 갖추는 것이다.

당신 종에게서 얼굴을 감추지 마소서.
제가 곤경 속에 있으니
어서 저에게 응답하소서.
제게 가까이 오시어 저를 구해 내소서.

(시편 69편17절)

대 사순절 전례에 참여하라

이미 말했듯이, 아무도 대 사순절의 모든 예식에 전부 다 참여할 수는 없다. 하지만 각자 그 중 몇이라도 참석할 수는 있다. 대 사순절이 교회의 전례에 더 열심히 참석하는 시기가 될 수 없도록 하는 절대적인 핑계란 있을 수 없다. 여기서도 다시 한번, 각자의 조건들, 개인적 가능성과 불가능성은 다양할 수 있고 그래서 다양한 결정들이 나올 수도 있다. 하지만 결정해야만 한다. 노력해야 한다. 그것도 끈질긴 노력이 있어야 한다.

전례의 관점에서 볼 때 우리는 마땅히 해야 할 '최소한'의 노력을 제시할 수 있다. 그것은 분명 하나의 의무를 다했다는 자기만족, 다시 말해 영적으로 자기를 갉아먹을 뿐인 그런 자위 감정을 이끌어 내기 위해서가 아니라, 최소한이라도 대 사순절 전례 영성에 있어서 핵심이 되는 것을 받아 누리기 위해서다.

첫 번째로 교구 성당 차원에서 용서의 주일 만과를 알맞고도 정성스럽게 거행하기 위한 계획과 진지한 노력들이 이루어져야 한다. 많은 성당들이 이 예식을 전혀 거행하지 않거나 거행한다 해도 별로 정성과 관심을 기울이지 않고 있는 현실은 그야말로 비극이라 할 것이다. 이 예식은 분명 지역 성당에서 연중 '대행사'가 되어야 한다. 그런 만큼 또 잘 준비되어야 한다. 이 준비는 성가 연습, 강론이나 교회 주보를 통해서 전례를 잘 설명해주는 것, 그리고 성당 신자들이 가장 많이 모일 수 있는 시간을 정해 알려주는 것 등이 있겠다. 간단히 말해서 이 예식을 그야말로 진정한 영적 사건으로 만들라는 것이다. 왜냐하면 다시 한번 대 사순절이 참회와 화해를 위한 최고의 시간들이며 그래서 공동체 전체가 함께 하나의 여행을 떠나는 출발점이 된다는 그 의미를 이 예식보다 더 잘 보여주는 것은 없기 때문이다.

그 다음에는 대 사순절의 첫 번째 주간에 우선성을 부여해야 한다. 이 주간에 읽히는 「크레테의 안드레아 성인의 참회의 대 까논」 봉독에 적어도 한 두 번은 꼭 참석할 수 있도록 특별한 노력을 기울여야 한다. 이미 살펴보았듯이 이 첫 번째 주간의 날들이 갖는 전례적 기능은 앞서 '기쁨어린 슬픔'이라고 규정했던 대 사순절의 영적 분위기로 우리를 감싸게 하는 것이다.

이어서 대 사순절 동안 적어도 하루 저녁 이상은 미리 축성된 성찬에배에 참석하여 그것이 가져다주는 영적인 경험을 할 수 있도록 시간과 정성을 드리는 것이 절대 필요하다. 이 영적인 경험의 핵심은 완전한 금식의 실천 경험과 단 하루라도 그것을 심판과 기쁨에 대한 실제적인 기다림으로 변화시켜 보는 경험이다. 삶의 조건이나 시간 부족 등의 핑계를 대는 것은 결코 받아들여질 수 없다. 왜냐하면 우리의 삶의 조건에 딱 들어맞는 것만 행한다면 대 사순절이 분투의 기간이라는 관념은 아무런 의미도 없는 것이 되어버리기 때문이다. 단지 20세기만 그랬던 것은 아니다. 이미 아담과 이브 때부터 '이 세상'은 언제나 하느님의 요구를 이행하는 데 있어서 장애였다. 그러므로 우리의 '삶의 양식'에는 특별한 것도 새로운 것도 없다. 다시 한번 말하지만 결국 모든 것은 우리가 종교를 심각하게 받아들이느냐 그렇지 않느냐에 달려있다. 만약 우리가 종교를 심각하게 받아들인다면, 일 년에 열 번 이상 성당 만과에 참석한다 해도 그것은 최소한일 뿐이다. 이 참회의 저녁 만과들을 놓친다면 우리는 대 사순절 전례 예식들의 아름다움과 깊이뿐만 아니라 다음 장에서 설명하겠지만 금식을 효과적으로 만들어주고 또 그것에 의미를 제공해주는 그 무엇도 다 놓치게 될 것이다.

기도와 금식

　금식 없이는 대 사순절도 없다. 그럼에도 불구하고 오늘날 많은 사람들은 금식을 심각하게 생각하지 않거나, 그것의 참된 영적 목적을 잘 알지 못하는 경우가 많아 보인다. 어떤 이들에게 금식은 상징적으로 어떤 것을 포기하는 것이다. 또 다른 이들에게는 금식이 음식과 관련된 규칙들을 정말 철두철미하게 지키는 것이다. 하지만 이 두 경우 모두에 있어서 금식은 대 사순절 전체를 관통하는 영적인 분투와의 관계 속에 있지 않은 경우가 허다하다. 다른 것과 마찬가지로 여기서도 우리는 먼저 금식과 관련된 교회의 가르침을 잘 이해할 필요가 있다. 그러고 나서 '어떻게 이 가르침을 우리의 삶 속에 적용할 것인가?'를 우리 자신에게 물어야 한다.
　금식 혹은 단식은 그리스도교 안에만 있는 실천이 아니다. 그것은 다른 종교 안에도 심지어는 특별한 치료법 안에도 있어왔고 지금도 있다. 우리 시대에 사람들은 갖가지 이유를 가지고 금식한다. 어떤 이들은 정치적인 목적을 위해서 단식하기도 한다. 그러므로 특별히 그리스도교적 금식의 참된 내용이 무엇인지 분별하는 것은 매우 중요하다. 그 내용은 먼저 우리가 성경에서 발견하는 두 가지 사건의 상호의존 속에 잘 드러나 있다. 하나는 구약성경의 맨 처음에 나오는 사건이고, 또 다른 하나는 신약성경의 맨 첫 부분에 나온다.

첫 번째 사건은 아담이 낙원에서 '금식을 중단한' 사건이다. 그는 '금지된 과일'을 먹었다. 이렇게 해서 인간의 원죄가 우리에게 드러난다. 하지만 새 아담이신 그리스도께서는 금식하심으로 자신의 사역을 시작하셨다. 이것이 두 번째 사건이다. 아담은 유혹받았고 그것에 굴복하여 넘어졌다. 하지만 그리스도께서는 유혹받으셨지만 이 유혹을 이기셨다. 아담의 실패로 인한 결과는 낙원으로부터의 추방이요 죽음이었다. 그리스도의 승리가 가져온 열매는 죽음을 멸하신 것이요 우리가 낙원으로 복귀하는 것이다. 이러한 시각에서 볼 때 금식이 너무나도 결정적이고 지극히 중요한 어떤 것으로 우리에게 다가온다는 것만큼은 분명하다. 그것은 결코 단순한 '의무사항'이나 풍습이 아니다. 오히려 그것은 생명과 죽음의 신비, 구원과 심판의 신비와 긴밀하게 결부된 무엇이다.

정교 신앙은 단지 형벌을 가져오는 어떤 규범을 어긴 것이 죄라고 가르치지 않는다. 오히려 그것은 언제나 '하느님께서 우리에게 주신 생명으로부터 잘려나가는 것'이였다. 그렇기 때문에 원죄의 역사는 우리에게 '먹는 행위'를 통해서 제시된다. 왜냐하면 음식은 생명의 수단이고, 우리를 살아있게 하는 것이기 때문이다. 하지만 바로 여기서 하나의 질문이 던져진다. '살아있다' 함은 무엇이며, '생명'이란 또 무엇을 의미하는가?

우리 시대에 이 용어는 특별히 생물학적 의미를 가진다. 생명은 정확히 음식에, 보다 일반적으로는 물리적 세계에 의존하는 무엇이다. 하지만 성경과 그리스도교 전통에 있어서 '빵민으로' 사는 것은 죽은 것과 다르지 않다. 왜냐하면 그것은 결국 죽을 수밖에 없는 생명이고, 그 생명 안에는 언제나 죽음이 작동하기 때문이다. 사람들은 말한다. 하느님께서는 죽음을 창조하지 않으셨다고. 그분은 생명의 수여자시라고. 그런데 어떻게 해서 생명이 사멸하고야 말 것이 되었는가? 왜 존재하는 모든 것 중에서 죽음만이 유일하게 절대적으로 확실한 것이 되었는가?

하느님께서 선물로 주신 그대로의 생명을 인간이 거부했고 하느님만을 의지하는 것이 아니라 '오직 빵에' 의존하는 생명을 더 좋아했기 때문이라고 교회는 대답한다. 인간은 하느님께 불순종하여 벌을 받았을 뿐만 아니라 세상과의 관계조차도 변화시켜버렸다. 참으로 하느님께서는 피조세계를 '양식'으로, 삶의 수단으로 인간에게 주셨다. 하지만 생명은 하느님과의 교제 속에 있어야 했다. 생명은 오직 하느님 안에 그 목적과 그 충만함을 가지고 있었다. "그분 안에 생명이 있고 그 생명은 사람들의 빛이다."(요한 1장3절) 이렇게 세상과 양식은 하느님과의 교제 수단들로 창조되었다. 그것들은 오직 하느님을 사랑하기 위해 받아들여질 때만 생명을 줄 수 있다. 양식 그 자체는 생명을 가지고 있지 않고 생명을 줄 수도 없다. 오직 하느님만이 생명을 가지고 계시고 또한 생명이시다. 양식을 통해 작동하는 생명의 원천은 하느님이지 그 양식의 영양분이 아니다. 이렇게 먹는다는 것, 살아있다는 것, 하느님을 안다는 것 그리고 하느님과의 교제 안에 있다는 것은 하나이고 동일한 것이다. 아담의 이루 다 헤아릴 수조차 없는 비극은 그가 그 자신을 위해 먹었다는 사실이다. 더 나아가 그는 하느님으로부터 독립된 존재가 되기 위해 하느님 몰래 먹었다. 그가 그렇게 한 것은 바로 양식이 그 자체 안에 생명을 가지고 있다고 믿었고, 이 양식을 먹으면 하느님과 같은 존재가 될 수 있다고, 다시 말해 자기 안에 독자적인 생명을 소유할 수 있다고 믿었기 때문이다. 간단히 말해서 믿음과 신뢰와 의지의 대상은 오직 하느님밖에 없는데도 그는 양식을 믿었다는 것이다. 세상과 양식이 그의 하느님이 되었고 그의 생명의 원천이요 원리가 되었다. 그러자 그는 그것들의 노예가 되지 않을 수 없었다. 히브리말로 '아담'은 '사람'을 의미한다. 그것은 나의 이름이고 우리 모두의 이름이다. 사람은 아직도 아담이고, 여전히 '양식'의 노예이다. 하느님을 믿는다고 주장할 수도 있지만, 하느님은 더 이상 그의 생명도 그의 양식도 그의 전 존재를 껴안는 분도 아니다. 자기의 생명은 하느님으로부터 받은 것이라고 주장할 수도 있겠으나, 그는 하느님 안에서 또 하느님을 위해 살지 않는다. 그의 지식, 그의 경험, 자기 자신에 대해서 갖고 있는 양심, 이 모든 것이 동일한 원리, 즉 '오직 빵만으로'라는 원리 위에 세워져있다. 우리는 살아있기 위해 먹는다. 하지만 우리는 하느님 안에서 살아있는 존재가 아니다. 이것이 바로 모든 죄들 중에 죄이다. 그것이 바로 우리의 생명에 들러붙어 있는 죽음의 심판이다.

그리스도께서는 새 아담이시다. 그분은 아담 때문에 생명에 입혀진 이 손상을 회복하고 사람에게 참된 생명을 주시기 위해 오신다. 그래서 그분은 금식으로부터 시작하신다. "그분께서는 사십일을 밤낮으로 단식하신 뒤라 시장하셨다."(마태오 4장2절) 배고픔은 양식이 시급히 필요하다는 것을 느끼게 함으로써 우리 자신이 다른 어떤 것에 의존되어 있는 존재임을 알게 해주는 하나의 상태이다. 그것은 우리 자신 안에는 아무런 생명도 가지고 있지 못함을 보여준다. 배고픔은 기진하여 죽게 되거나 아니면 내 몸의 욕구들을 만족시킴으로써 다시 살아있다는 인상을 갖게 만드는 하나의 한계 상황이다. 다른 말로 하면, 그것은 "나의 생명은 무엇에 의존해 있는가?"라는 근본적인 질문이 제기되는 순간이다. 이 질문은 단순히 '이론적인' 것을 넘어서 내 몸 전체가 느끼는 것이기에 그것은 또한 유혹의 순간이다. 낙원에서 사탄은 사람을 찾아왔다. 또 사탄은 광야에서도 그리스도를 찾아갔다. 사탄은 그들에게 똑같은 말을 한다. "먹어라, 너의 배고픔은 네가 온전히 양식에 의존해 있는 존재라는 증거이지 않느냐. 너의 생명은 바로 양식 안에 있지 않느냐." 아담은 그것을 믿었고 그래서 먹었다. 하지만 그리스도께서는 이 유혹을 물리치시고 이렇게 말씀하셨다. "사람은 빵만으로 살지 않고 하느님으로 산다."(마태오 4장4절) 그분은 사탄이 온 세상에 퍼뜨려 놓은 이 우주적인 거짓말을 받아들이지 않고 거부하셨다. 사탄은 이 거짓말을 너무나도 명백한 진리처럼 만들어서 그 누구도 이에 대해 의문을 달지 못하게 했고 그래서 결국 이 거짓말은 우리의 세계관, 학문, 의학, 심지어는 종교에 이르기까지 모든 문명의 토대가 되어버렸다. 그리스도께서는 이 유혹을 물리치심으로써 아담이 깨버린 그리고 우리도 그를 따라 매일 매일 깨어버리고 있는 하나의 관계, 즉 양식과 생명과 하느님 사이의 관계를 재확립하셨다.

우리 그리스도인들에게 금식은 무엇인가?

그것은 양식과 물질과 세상에 대한 전적인 의존으로부터 우리를 해방시킨 그리스도 자신의 이 경험에 우리가 참여하고 하나가 되는 것이다. 사실 우리의 해방은 아직 온전하지 않다. 왜냐하면 우리는 여전히 추락한(타락한) 이 세상에 살고 있고 그래서 여전히 양식을 필요로 하기 때문이다. 하지만 우리 모두가 언젠가는 통과해야만 할 죽음이 그리스도의 죽음의 공로로 말미암아 생명으로 옮겨가는 하나의 '통과'가 되었듯이, 우리가 먹는 양식과 또 그것이 지탱해주는 생명 또한 하느님 안에서의 생명, 하느님을 위한 생명이 될 수 있다. 우리 양식의 일부는 이미 '불멸의 양식'이 되었다. 그것은 바로 그리스도 자신의 몸과 피이다. 하지만 우리가 하느님께 받은 일용할 양식 또한 이생에서, 이 세상에서 우리를 하느님에게서 떨어져 나가게 하는 것이 아니라 오히려 우리를 강건하게 해주고 하느님과 교제하도록 해주는 것이 될 수 있다. 하지만 오직 금식만이 이러한 변화를 성사시킨다. 오직 금식만이 양식과 물질에 대해 맺고 있는 우리의 의존관계가 전부가 아니고 절대적이지도 않다는, 또한 이 의존관계는 기도와 은총과 예배와 결합된다면 그 자체가 영적인 것이 될 수 있다는 실존적인 증거를 제공해준다.

이 모든 것은 깊이 있게 이해된 금식이 인간으로 하여금 자신의 참된 영적 본성을 다시 찾게 해주는 유력한 수단임을 의미한다. 그것은 우리에게 필요한 것이 단지 빵뿐이라고 설득하는 데 성공하여 이 거짓말을 토대로 인간의 모든 지식과 학문과 실존을 쌓아올린 거짓말쟁이 사탄에게 던지는 단순한 이론이 아닌 참으로 구체적인 도전장이다. 금식은 이 거짓말을 고발하고 증명한다. 그리스도께서 사탄을 만난 시점이 금식할 때였고, 또 사탄을 이길 수 있는 것은 "오직 금식과 기도뿐"이라고 말씀하셨다는 것은 매우 의미심장하다. 금식은 악마에 대항하는 진정한 투쟁이다. 그것은 사탄을 '이 세상의 왕'으로 등극시킨 유일하고도 보편적인 법칙에 대한 도전이기 때문이다. 만약 누군가 배고픔에도 불구하고 이 배고픔에 좌우되지 않고 또 그것에 의해 파괴되지 않을 뿐만 아니라 오히려 그것을 영적 에너지와 승리의 원천으로 변모시킬 수 있다면, 그 어떤 것도 아담 이래로 우리 모두가 겪어온 이 거대한 거짓말에 기대어 살아가지는 않을 것이다.

이러한 우리의 인식은 금식을 그저 음식의 종류의 변화 혹은 허용되거나 금지된 일련의 행위들로 간주하는 통상의 이해나 이 피상적인 위선과는 정말 거리가 멀다! 결국 금식한다는 것은 단 한 가지를 의미한다. 그것은 바로 배고픔이다. 양식에 전적으로 의존하는 인간 조건의 한계까지 가보는 것이다. 거기서 배고픔을 경험하는 바로 그 지점에서, 이 의존성이 인간의 진면모는 아니라는 것, 배고픔 그 자체는 무엇보다도 먼저 하나의 영적인 상태라는 것, 결국 그것은 사실상 하느님에 대한 배고픔이라는 것을 발견하는 것이다. 초대 교회에서 금식은 언제나 음식 자체를 완전히 거부하는 것, 육체를 궁극적인 한계로까지 몰아붙이는 배고픔의 상태를 의미했다. 하지만 바로 이 지점에서 우리는 만약 금식이 "금식과 기도가 아니고서는"이라고 했듯이 그것의 영적 반려자인 기도와 병행되지 않는다면 단지 육체적인 노력에 머무는 무의미한 것이 된다는 것을 발견하게 된다. 이것은 우리가 그에 부합하는 영적인 노력을 경주하지 않는다면, 우리가 신적인 실재를 섭취하지 않는다면, 우리가 오직 하느님께만 의존해 있는 존재임을 발견하지 못한다면, 우리의 육체적 금식은 하나의 자살행위에 그치고 말 것임을 의미한다. 그리스도 자신께서 금식하실 때 유혹받으셨다면, 우리도 결코 이 유혹에서 자유로울 수 없다. 육체적 금식이 영적인 투쟁과 기도와 하느님에 대한 집중과 단절된 것일 때, 그것은 아무리 본질적인 것이라 해도 의미가 없을 뿐만 아니라 심지어는 대단히 위험하기까지 하다. 금식은 오직 성인들만이 완벽하게 실천하는 하나의 예술이다. 분별없이 신중하지 않게 이 예술을 실천하려 하는 것은 교만이요 위험이 될 수 있다. 대 사순절의 모든 전례 예식은 하느님 없이 자신의 의지만으로도 모든 것이 가능하리라 믿는 사람들에게 닥칠 온갖 어려움과 장애와 유혹을 끊임없이 상기시킨다.

바로 이런 이유로 인해 우리는 무엇보다도 먼저 이 금식의 싸움에 영적으로 준비할 필요가 있다. 그것은 하느님께 도움을 요청하는 것이요 우리의 금식이 하느님을 향하도록 초점을 맞추는 것이다. 우리는 하느님에 대한 사랑으로 금식해야 한다. 우리의 몸이 하느님께서 현존하시는 성전임을 재발견하고, 몸과 양식과 모든 생명 운동에 대한 종교적인 존중을 다시 찾아야 한다. 이 모든 것은 말 그대로 금식이 시작되기 전에 이루어져야 하고, 그래서 금식에 착수할 때는 그것이 하나의 싸움이며 반드시 승리해야 한다는 시각과 생각을 가지고 튼튼하게 영적으로 무장되어 있어야 한다.

그러고 나면 말 그대로 금식 기간이 온다. 위에서 말한 원칙에 따르면 금식은 두 가지 차원에서 실천되어야 하는데, 하나는 '금욕적 금식'이요 다른 하나는 '완전한 금식'이다. 금욕적 금식은 음식을 과감하게 줄이는 것이고 그래서 어느 정도의 배고픔을 지속적으로 느끼는 상태가 하느님에 대한 기억으로, 또한 우리의 영을 하느님께 향하도록 하기 위한 끊임없는 노력으로 경험되도록 하는 것이다. 조금이라도 이것을 실천해본 사람은 이 금욕적 금식이 우리를 쇠약하게 만들기는커녕 반대로 우리 자신을 가뿐하게 만들어주고 내적으로 통일시켜주며 소박한 가운데 즐겁고 순결하게 만들어 준다는 것을 안다. 그래서 우리는 정말 하느님께서 주신 선물로 음식을 받아들이게 된다. 우리는 끊임없이 이 내적인 세계를 향해있게 된다. 그리고 이 내적 세계는 설명할 수 없는 방법으로 그 자체가 일종의 양식이 된다.

이 금욕적 금식에 있어서 음식의 양이나 횟수나 질에 관해서는 다루지 않겠다. 이 모든 것은 우리 각자의 개인적인 능력과 개개인의 삶의 외적 조건에 달려있다. 하지만 원칙만은 분명하다. 그것은 반쯤 배고픈 상태라는 것이고, 그것의 '부정적'(먹지 않는다는 점에서) 본질은 항상 기도와 기억과 주의와 집중에 의해 '긍정적인' 힘으로 변모된다는 것이다.

반면 엄격한 금식(완전한 금식)은 필연적으로 그 기간이 제한되어 있고 또 성체성혈을 받는 것과 결부된다. 현재의 삶의 조건에서 볼 때 최선의 실천은 미리 축성된 성찬예배가 거행되는 저녁이 있는 하루를 꼬박 단식하는 것이다. 새벽부터 금식하든 아니면 정오 이후부터 금식하든 핵심은 그날 하루를 기다림과 희망과 하느님 그분에 대한 배고픔으로 살아가는 것이다. 그것은 다가올 어떤 것, 우리가 앞으로 받게 될 선물, 이것을 위해서는 다른 모든 것을 희생함으로써 준비해야할, 바로 그 '선물'(성체성혈)에 영적으로 집중하는 것이다.

이 모든 것에 덧붙여 다시 한번 기억해야 할 것은, 아무리 제한된 것이라 할지라도 참된 금식이라면 우리의 금식은 반드시 유혹과 나약함과 의심과 분노로 인도될 것이라는 사실이다. 다시 말해 그것은 실제적인 싸움이 될 것이며 그래서 우리는 몇 번이고 넘어질지도 모른다. 하지만 금식의 본질적인 측면은 바로 그리스도인의 삶이 결국은 하나의 싸움이요 분투일 수 밖에 없음을 발견하는 것이라 할 수 있다. 의심과 유혹을 극복하지 못하는 믿음도 분명 존재한다. 하지만 그리스도인의 삶에서 실패의 쓴 경험이 없는 진보는 결코 없다. 너무나 많은 이들이 열정적으로 금식을 시작한다. 그리고는 첫 번째 좌절로 이를 그만두고 만다. 바로 이 첫 번째 좌절이 진정한 시험대라는 것을 분명히 말해두고 싶다. 쇠약해져 식욕과 욕망의 충동질에 넘어갔다 해도 다시 용기를 가지고 포기하지 않고 본래의 결심과 계획을 다시 밀고나간다면, 몇 번이고 나약함에 빠진다 해도 조만간 우리의 금식은 영적인 열매를 맺게 될 것이다. 거룩함과 낙담 뒤에 오는 추잡함 사이에는 인내라고 하는 위대하고도 거룩한 덕이 있다. 이 인내는 무엇보다도 자기 자신을 향한 인내이다. 거룩함에 도달하는 지름길은 없다. 우리는 한 발짝 나아갈 때마다 그 값을 치러야 한다. 그러므로 최소한의 것으로부터, 우리 각자의 본성직 능력보다 조금 더 나아간 지점에서부터 시작하여 우리의 노력을 점진적으로 증대시켜 나가는 것이 처음부터 너무 많은 단계를 건너뛰다가 땅에 추락해 뼈가 부러지는 것보다 더 바람직하고 또 확실하다.

    요약해보자. 우리는 하나의 의무나 풍습쯤으로 이해된 그저 상징적이고 형식적인 금식에서 참된 금식으로 되돌아와야 한다. 그것이 비록 보잘 것 없고 제한된 것이라 할지라도 일단 진지하고 실제적인 것이 되도록 해야 한다. 우리의 육체적 영적 능력을 잘 판단하자. 하지만 이 능력들에 도전하지 않는 금식은 있을 수 없다는 사실을 또한 분명히 상기하면서 결단하고 실행하자. 그러면 그것은 분명 사람에게는 불가능한 것이 하느님께는 가능하다는 놀랍고 신적인 증거를 우리의 삶 안에 가져다 줄 것이다.

대 사순절의 '삶의 스타일'

대 사순절 동안 노력해야 할 것은 전례 예식에 참여하는 것, 금식, 규칙적인 기도로 제한되지 않는다. 적어도 이러한 실천들이 열매를 맺고 의미있는 것이 되기 위해서는 삶 전체에 의해 지지되어야 한다. 다시 말해 이것들과 모순을 일으키지 않고 우리의 실존을 둘로 분열시키지 않는 하나의 '삶의 스타일'이 필요하다. 예전에 정교회 국가들에서는 사회 자체가 이러한 지지를 제공해주었다. 이 사회는 풍습과 외적인 변화들, 법률과 공적 혹은 사적 질서들을 포괄하는 것이었다.

대 사순절 동안, 사회 전체는 어떤 특별한 삶의 리듬, 사회구성원들에게 성스러운 기간 안에 있음을 지속적으로 기억시켜주는 일련의 규범들을 받아들였다. 예를 들어 러시아에서는 굳이 성당에서 울리는 특별한 종소리가 아니라도 그것을 잊고 살수 없었다. 극장들은 문을 닫았고 막바지에 다다르면 법원들도 일을 멈추었다. 물론 이 모든 외적 변화들이 그것들만으로 사람들을 회개와 보다 집중적인 종교 생활로 이끄는 힘을 지닌 것은 아니었다. 하지만 이것들은 어떤 독특한 사회 분위기를 만들어냈고, 어떤 의미에서는 개인적인 노력들이 보다 용이해질 수 있는 대 사순설의 환경들을 제공 했다. 우리는 모두 나약하다. 우리는 외적인 호소, 상징, 표시들을 필요로 한다. 물론 위험은 바로 이러한 외적인 상징들이 그 자체로 하나의 목적이 되지나 않을까 하는 것이고, 단순히 대 사순절을 기억나게 해주는 계기에 머물지 않고 오히려 대중적인 통념 안에서 대 사순절의 내용인 것처럼 자처해 버리지나 않을까 하는 것이다. 우리는 이미 위에서 진정한 개인적 노력들을 대체해 버리는 이러한 외적 풍습들과 실천들에 대해 말하면서 이러한 위험을 지적한 바 있다. 그럼에도 불구하고 이러한 풍습들은 올바로만 이해된다면 개인적 노력과 삶의 전체성을 일치시켜주는 연결 끈이 된다.

하지만 우리는 정교회 사회에서 살지 않는다. 그래서 사회적인 차원에서 대 사순절의 환경을 만들어내는 것은 가능하지 않다. 대 사순절이건 아니건 간에 우리를 둘러싸고 있으며 또 우리가 그 일부가 된 이 세상은 특별히 달라질 것이 없다. 결과적으로 이러한 상황은 '외적인 것'과 '내적인 것' 사이에 필연적으로 존재하는 종교적 관계를 다시 생각해 볼 것을 우리에게 요청한다. 세속주의의 영적 비극은 그것이 우리의 삶을 종교적인 것과 세속적인 것이라는 두 개의 부분으로 나누어 버리는 종교적 '정신분열' 속에 우리 모두를 처박아 버린다는 것이다. 그리고 분열된 이 두 부분은 점점 더 그 상호의존성을 잃어가고 있다. 그러므로 대 사순절 동안 우리의 싸움의 수단들을 형성해주었던 전통으로부터 물려받은 다양한 풍습들과 기억 매체들을 옮겨와야 할 필요가 있다. 하나의 시도에 불과하고 따라서 간략할 수밖에 없지만 우리는 이러한 노력들을 가정이라는 차원과 가정을 벗어난 사회적 차원에서 고려해 볼 수 있다.

정교 신앙의 관점에서, 가정과 가족은 그리스도교적 삶의 일차적이고 핵심적인 영역을 구성한다. 적어도 그것은 그리스도교 원리들이 일상 속에 적용되는 장이다. 분명 처음으로 우리의 세계관을 형성해주고 또 우리 안에서 비록 오랫동안 그것을 자각하지 못할 수도 있지만 결국에는 결정적인 요인이 되고야말 근본적인 방향성을 만들어주는 곳은 학교나 교회가 아니라 바로 가정이며, 가족생활의 스타일과 정신이다. 도스토예프스키는 『까라마조프가의 형제들』에서 등장인물인 영적 아버지 조시마의 입을 빌어 이렇게 말한다. "어린 시절에 대해 좋은 추억들을 기억할 수 있는 사람은 그의 삶 전체가 구원받습니다." 대 사순절의 미리 축성된 성찬 예식의 아름다움과 이 예식 중에 불려지는 "나의 기도 분향으로 받아주시고 …"라는 시편 성가의 비교할 수 없이 감동적인 운율을 언급하고 이 성찬 예식에 늘 자신을 동행시킨 어머니에 대한 기억을 상기하는 가운데 위와 같은 말을 했다는 것은 매우 의미심장하다. 오늘날 학교에서 시행되는 참으로 경탄할만한 종교 교육의 노력들은 실상 그것이 집과 가족생활 속에 뿌리내리지 않는다면 아무런 효과가 없을 것이다. 그러면 대 사순절 동안 우리는 집에서 무엇을 할 수 있고 또 무엇을 해야 하는가?

가족생활의 모든 면모를 다 살펴보는 것은 불가능하므로 나는 그 중 한 가지에 대해서만 고찰해 보려한다.

오늘날 가족생활 전체는 라디오와 텔레비전에 의해 근본적으로 바뀌었다는 사실을 인정하는 데 동의하지 못할 사람은 없을 것이다. 오늘날 이 '대중매체들'은 삶 전체를 관통하고 있다. 밖에서 무슨 일이 일어나는지 알기 위해 나갈 필요가 없다. 매순간 세계 전체가 내 손안에 있다. 조금씩 내적 세계의 한 복판에 있다는 초보적인 경험들, 이 '내적 세계'

의 아름다움에 대한 느낌은 우리가 살고 있는 현대 세계에서 단번에 사라져 버렸다. 텔레비전이 아니면, 또 음악이 있다. 음악은 더 이상 우리가 '듣는' 어떤 것이 아니다. 그것은 빠르게 대화, 독서, 연락 등에 동반되는 일종의 배경음이 되었다. 사실 쉬지 않고 음악을 들어야만 직성이 풀리게 된 이 필연성은 현대인이 침묵을 맛볼 수 없게 되었다는 사실을 드러내준다. 침묵을 단순히 부정적인 어떤 것이 아니라 아무것도 없는 순결함, 하지만 또한 그러하기에 하나의 현존 아니 모든 참된 현존을 위한 조건으로 이해할 수 없게 만든다는 것이다. 예전의 그리스도인들은 인생의 대부분을 아주 고요한 세상에서 살았고, 이러한 환경은 그들로 하여금 자기에게 집중하고 그래서 내적인 삶을 살 수 있게 해주었다면, 오늘날의 그리스도인들은 우리를 보다 고차원적인 현실들과 만날 수 있도록 해주는 유일한 것으로서의 침묵이라는 이 본질적인 차원을 다시 찾으려면 대단한 노력을 기울이지 않으면 안되게 되었다. 그렇기 때문에 적어도 대 사순절 기간 동안 라디오와 텔레비전의 문제는 주변적인 문제가 아니라 여러 면에서 영적 삶과 죽음의 문제이다. 우리의 삶을 대 사순절의 '기쁜어린 슬픔'과 텔레비전의 최신 프로그램으로 나누는 것은 불가능하다는 사실을 명심해야 한다. 이 두 가지는 결코 양립할 수 없다. 둘 중 하나는 반드시 다른 것을 죽이고야 말 것이다. 특별한 노력을 기울이지 않는다면 최신 유행 프로그램이 '기쁜어린 슬픔'의 영적 삶을 정복할 공산이 훨씬 크다는 점을 명심해야 한다.

   그러므로 첫 번째 제안하고 싶은 것은 대 사순절 동안만이라도 라디오와 텔레비전의 사용을 심각하게 제한하라는 것이다. 우리는 감히 완전한 금식을 원하지 않는다. 다만 알다시피 일상적 삶의 방식들을 변화시키고 최소화하는 것을 제안하는 금욕적 금식을 원한다. 예를 들어 뉴스를 듣거나 지적으로 영적으로 우리를 풍요롭게 만들 수 있는 진지하고 흥미로운 프로그램들을 경청 혹은 시청하는 것은 그리 나쁠 것도 없다. 대 사순절 동안 멈추어야 하는 것은 사람을 마치 안락의자에 널브러져 화면에 시선을 고정한 채 화면에서 나오는 것이면 무엇이든 다 수동적으로 흡수해버리는 누더기처럼 만들어버리는 텔레비전 붙박이다.

내가 어렸을 적에(텔레비전이 나오기 전) 내 어머니는 대 사순절의 첫 번째, 네 번째 주간, 그리고 성 대 주간에는 피아노를 열쇠로 잠가놓곤 하셨다. 나는 대 사순절의 긴 예식보다 어머니의 조치를 더욱 생생하게 기억하고 있다. 오늘날까지도 대 사순절 기간에 라디오가 틀어져 있는 것을 보거나하면 나는 마치 신성모독이라도 들은 듯 충격을 받는다. 이 개인적 기억은 어떤 외적인 행동 방식이 한 어린이의 영혼에 만들어낸 인상을 잘 드러내준다. 여기서 중요한 것은 어떤 동떨어진 풍습이나 규칙이 아니라 대 사순절을 하나의 특별한 기간으로, 항상 현존하는 것으로, 잃어버리거나 훼손하거나 파괴해서는 안 되는 어떤 것으로 느끼게 해주는 것이다. 여기서도 금식과 마찬가지로 단순한 박탈과 부재만으로는 충분치 않다. 그것들에는 분명 어떤 긍정적인 조응이 있어야 한다.

대중매체가 만들어내는 세상의 소음으로부터 자유로워짐으로써 형성되는 침묵은 무언가 긍정적인 요소로 채워져야 한다. 기도가 우리 영혼의 양식이라면, 우리의 지성 또한 양식이 필요하다. 오늘날 텔레비전, 라디오, 신문, 잡지, 만화 등이 우리에게 강요하는 끊임없는 소음으로 파괴되는 것은 바로 인간의 지성이기 때문에 그렇다. 그러므로 순전히 영적인 노력들과 더불어서 우리는 지성적인 노력을 제안하고자 한다.

얼마나 많은 훌륭한 작품들이, 인간의 사유와 상상력과 창조적 정신들이 빚어낸 경이로운 열매들이 우리의 삶 속에서 소홀히 취급되고 있는가! 그것은 일터에서 육체적으로 지적으로 지칠대로 지쳐 집으로 돌아왔을 때 텔레비전 리모콘을 누르거나 공허한 만화잡지에 빠져버리는 것이 너무나도 쉽고 편한 일이기 때문이다.

하지만 우리가 어떤 대 사순절 프로그램을 준비하고 있다고 생각해 보라! 미리 대 사순절 동안 읽어야 할 독서 목록을 준비해 둔다고 생각해 보라! 다 '종교적인' 책일 필요는 없다. 모든 사람이 다 '신학자'가 되도록 부름받은 것도 아니다. 하지만 훌륭한 문학 작품 중에는 함축적으로 '신학'을 담아내고 있는 것도 많다. 우리의 지성을 풍요롭게 하는 모든 것, 인간의 창조적 정신의 진정한 열매들이라 할 수 있는 모든 것들은 교회에 의해 축복되고 잘만 사용된다면 영적인 가치를 획득할 수 있다.

앞 장에서 나는 대 사순절의 넷째와 다섯째 주간이 그리스도교 영성의 두 대가大家인 요한 클리막스 성인과 이집트의 마리아 성녀를 기념하는 데 봉헌되었다고 말했다. 여기서 우리는 교회가 대 사순절 동안 무엇을 하길 바라는지에 대한 분명한 의도를 발견한다. 그것은 우리의 내적 세계를 지적으로 영적으로 풍요롭게 만들라는 것이요, 우리로 하여금 이 내적 세계와 그 기쁨을 발견하는 데 가장 도움이 될 수 있는 것들을 읽고 묵상하라는 것이다. 오늘날의 현대 세계는, 밖이 아니라 우리 안에서 성취되는 이 기쁨, 인간의 참된 이 소명에 대해 우리에게 어떤 아이디어도 주지 못한다. 그런데 이 기쁨이 없다면, 우리가 대 사순절에서 인간 존재의 심연으로의 순례를 발견하지 못한다면, 대 사순절은 아마도 그 모든 의미를 상실해 버릴 것이다.

  마지막으로 출퇴근, 사무실에서의 일과, 직업적 의무들, 동료나 친구들과의 만남 등 집 밖에서 보내는 긴긴 일과 동안 어떻게 하면 대 사순절의 의미를 살려낼 수 있을까? 비록 이에 대해 우리는 어떤 결정된 '처방'을 제공할 수는 없지만 아주 일반적인 차원에서 몇몇 주제들을 진전시켜 볼 수는 있을 것이다.

  첫째로, 대 사순절은 우리 각자가 사람들, 사물들, 일과 맺고 있는 관계들이 정말 믿기지 않을 정도로 피상적이라는 점을 깊이 성찰하는 데 더 없이 좋은 기회이다. "웃음을 잃지 마십시오" "모든 것을 다가오는 그대로 받아들이십시오"와 같은 구호들은 실제적으로 우리가 기쁘게 따르고 있는 위대한 '계명들'이다. 이 구호들은 집착하지 말라, 질문을 던지지 말라, 타자와의 관계를 심화시키지 말라는 것을 의미한다. 또한 그것은 친절한 태도와 완전한 무관심을 잘 결합시키라, 모든 것을 물질적 소득, 이익, 남보다 앞서기를 중심으로 생각하라는 것을 의미한다. 달리 말하면 자유, 책임, 헌신 등과 같은 위대한 단어들을 끊임없이 사용하지만 실상은 인간은 무엇을 먹느냐에 좌우된다는 물질주의적 원리를 좇아가는 이 세상의 일원이 되라는 것이다! 대 사순절은 의미를 찾아가는 시간이다. 하나의 소명이라는 관점에서 나의 직업적인 삶의 의미를, 또 내가 타인들과 맺고 있는 관계들의 의미를, 우정의 의미를, 나의 책임의 의미를 찾아가는 시간이다. 실용성이나 조직성과 같은 관점 말고 인간적 가치라는 관점에서 조금도 '변화될' 수 없는 직업이나 소명은 결코 없다.

  여기서 우리에게 요구되는 것은 우리의 모든 관계들을 내면화하려는 노력 그 자체이다. 왜냐하면 우리는 모두가 자유로운 존재이지만, 종종 우리가 알지도 못하는 사이에 세상을 점점 더 비인간화의 방향으로 몰고 가는 어떤 시스템의 포로가 되었기 때문이다. 우리의 신앙은 우리 삶의 모든 복잡성과의 관계 안에 놓일 때만 비로소 의미를 가질 수 있다. 많은 사람들은 필요한 변화가 오로지 외부에서만, 삶의 외적 조건에 대한 혁명과 개선을 통해서만 온다고 생각한다. 하지만 실제로는 모든 것이 내부로부터, 신앙으로부터, 신앙에 의거한 삶으로부터 온다는 것을 증명하는 것이 그리스도인인 우리 모두의 몫이다. 교회가 그리스-로마 세계로 파고들었을 때 교회는 노예제를 비판하지도 혁명을 호소하지도 않았다. 점차적으로 이 노예제를 불가능하게 만든 것은 바로 교회의 신앙, 그 신앙이 제공하는 새로운 인간관과 인생관이었다. 다만 자신의 신앙을 매순간마다 심각하게 대하는 사람을 성인聖人이라 한다면, 그러한 성인은 수많은 혁명적 프로그램보다 더욱 세상을 변화시킬 것이다. 이 세상에서 오직 성인이야말로 유일하게 참된 혁명가라 할 것이다.

　마지막으로 대 사순절은 우리의 말을 삼가는 훈련 기간이다. 우리가 살고 있는 세상은 끔찍하게 말이 넘쳐난다. 우리는 끊임없이 의미도 힘도 없는 말들의 홍수 속에 빠져있다. 그리스도교는 말의 신성성을 드러낸다. 말은 인간에게 부여된 참으로 거룩한 선물이라는 것이다. 그래서 우리의 말은 긍정적이거나 부정적이거나 아주 놀라운 능력을 부여받는다. 그렇기 때문에 우리는 우리가 한 말에 따라 또한 심판받을 것이다. "잘 들어라. 심판 날이 오면 자기가 지껄인 터무니없는 말을 낱낱이 해명해야 될 것이다. 네가 한 말에 따라서 너는 옳은 사람으로 인정받게도 되고 죄인으로 판결받게도 될 것이다."(마태오 12장36-37절) 말을 잘 삼가는 것은 그것의 심각성과 거룩한 특징을 재발견하는 것이다. 그것은 별 생각 없이 내뱉는 '악의 없는' 농담도 종종 한 사람을 절망과 멸망의 구렁으로 내던져 버리는 '마지막 말'이 될 수도 있다는 것을 이해하는 것이다. 하지만 말은 또한 하나의 증언이 될 수 있다. 직장에서 동료와 나누는 뜻밖의 대화가 삶에 대한 인식과 타인에 대한 혹은 일에 대한 하나의 태도를 전해주는 데 있어서 그 어떤 설교보다 더 많은 것을 할 수도 있다. 이런 대화는 어떤 질문을 불러일으키고 삶을 전혀 다르게 바라볼 가능성을 일깨워주며 또 삶에 대해 더 많은 것을 알고 싶어하도록 해주는 하나의 씨앗을 던져줄 수 있다.

우리는 우리의 말들이 또 우리 각자의 인격적 모습이 실제로 서로에게 어느 정도나 영향을 주는지에 대해 별 생각이 없다. 마지막으로 사람들은 누군가가 그들에게 명확한 설명을 해주어서라기보다는 누군가에게서 이 빛, 이 기쁨, 이 깊이, 이 진지함, 이러한 사랑을 보고서 하느님께 돌아온다. 바로 이런 것들이 세상에 현존하시는 전능하신 하느님을 드러내주기 때문이다.

그러므로 처음에 말한 대로 대 사순절이 우리 각자의 신앙을 재발견하게 해주는 계기라면, 그것은 또한 우리 모두에게 삶 그 자체, 그것의 거룩한 의미, 거룩한 깊이를 발견하게 해주는 기회이기도 하다. 우리는 양식을 절제함으로써 양식의 감미로움을 재발견하게 되고, 그것을 하느님께서 주신 선물로 감사와 기쁨으로 받아들이는 법을 다시금 배우게 된다. 음악, 오락물들, 피상적인 대화와 만남들을 최소화함으로써 또한 우리는 인간관계들, 인간의 일, 예술의 최종적인 가치를 재발견하게 된다. 우리는 순전히 하느님을 재발견함으로써, 그분께 돌아감으로써, 또 그분의 무한하신 자비와 사랑으로 우리에게 베풀어주신 모든 것에 귀의함으로써 이 모든 것을 또한 다시 발견하게 된다. 빠스까(부활절) 철야 예배 때 우리가 노래하는 것이 바로 이것이다.

> 하늘, 땅, 지옥, 온 세상이
> 이제 빛으로 가득 찼도다.
> 그러므로 이제 온 세상은
> 우리의 힘 우리의 기쁨이신 그리스도의 부활을 경축할지어다.
>
> (부활축일 까논의 3오디)

오 사람들의 친구 그리스도시여, 이 기다림을 헛되이 마소서.

역사적 소고

 우리가 알고 있는 대로의 대 사순절은 하나의 길고도 지극히 복잡한 역사적 진화의 산물이다. 그 모든 과정들은 아직도 완전하게 알려져 있지 않다. 많은 질문들이 아직도 해답을 기다리고 있고 심지어는 절대로 부차적이지 않은 몇몇의 핵심적인 문제들에 대해서도 많은 연구가 이루어져야 한다. 아래의 글은 가장 잘 알려진 사실들에 대한 간략한 요약이다.
 2세기 중엽의 교회가 매년 행해지는 빠스까 축제에 앞서서 매우 짧은 기간 동안만 금식했다는 사실은 거의 확실해 보인다. 게다가 이 금식은 지역마다 매우 다양한 방식으로 지켜졌다. 빠스까 축제일 논쟁에 대해 리용의 이레네우스 성인은 "날짜뿐만 아니라 금식 기간에 대해서도" 지역마다 차이가 있었다고 기록하고 있다.

 왜냐하면 어떤 이들은 단 하루만, 또 어떤 이들은 이틀, 또 다른 사람들은 더 많은 날을 금식해야 한다고 생각했기 때문이다. 어떤 이들은 또 낮과 밤을 포함하여 총 40시간을 금식해야 한다고 정하기도 했다. … 이렇게 다양한 관행들은 우리 시대에 정해진 것이 아니라 보다 이전의 것이고 우리

선조들에게로 거슬러 올라간다.[36]

한 세기 후에 적어도 몇몇 지역에서는 부활절 이전 금식이 한 주간 전체로 보다 길게 연장되었다.[37] 예를 들어, 『사도들의 가르침』은 우리에게 이렇게 말한다.

월요일부터 빠스까 기간 내내 여러분은 금식하십시오. 목요일까지는 제9시에 빵과 소금과 물만 드십시오. 금요일과 토요일에는 완전히 금식하고 아무것도 먹지 마십시오."[38]

40일간의 대 사순절과 관련된 첫 번째 정보들이 제공되기까지 거의 70여년의 공백이 존재한다.[39] 그렇지만 니케아 세계 공의회 까논 5항은 대 사순절이 최신의 혁신 결과가 아니라 이미 매우 익숙한 것이었다는 인상을 준다.[40] 하지만 초기에 2일 내지는 6일에 불과했던 부활절 이전 금식 기간이 언제 어떻게 해서 40일 동안의 금식기간으로 변화되었을까? 이 질문에 대해 전례 학자들은 서로 다른 두 가지의 대답을 내놓았다. 어떤 이들은 현재의 대 사순절이 앞서 말한 부활절 이전의 금식과 초기에는 부활절과 상관없이 그리스도께서 세례 받으신 후 40일 동안 광야에서 금식하신 것을 기념하기 위해 행해졌던 또 다른 금식 사이의

---

36) Eusebius, *Hist. Eccl.*, 5, 24, 12. 또한 참고, Hippolitus of Rome, *Apostolic Tradition 2*, 20, 2-9; 21, 1-5; 그리고 Tertullian, Concerning Baptism, 19.
37) 이렇게 해서 오늘날 '성 대 주간' 이라 불리는 거룩한 기간이 확립되었다.
38) ed. R. H. Connolly, 1929, p.189.
39) A. Allan McArthur, *The Evolution of the Christian Year* (London: 1953), p. 115.
40) McArthur, p. 125.

융합의 결과라고 주장한다. 후자의 금식은 빠스까가 아니라 신현축일과 관련된 것으로 아마도 1월 7일경부터 시작되었을 것이라는 주장이다. 이 둘 사이의 융합은 세례 예비자 교육과 세례를 위한 부활절 이전의 준비 기간의 영향 아래 이루어졌을 것이다.[41] 다른 전례 학자들은 40일이 부활절 이전 금식이 확장된 것이고 그 기원은 세례 예비자 교육 제도와 관련되어 있다고 평가한다.[42] 개인적으로 내 생각에는, 적어도 보편적인 가치를 인정받길 원한다면 첫 번째 가설은 별로 설득력 있는 것 같지 않다. 하지만 현재는 어떤 설명도 명백한 동의를 얻지 못하고 있다.

어쨌든 4, 5세기에 오면 '사순절'(40일, Quadragesima, Tessaracosti)이라 불리는 부활절 전 금식이 보편적으로 인정된 교회 제도로 등장한다. 하지만 5세기에도 그 적용에 있어서는 폭넓은 다양성이 존재했음을 교회사가 소크라테스와 소조메노스의 교회사 저술들은 확인해 준다. 소크라테스는 다음과 같이 기록하고 있다.

부활절 전의 금식은 지역에 따라 다르게 지켜진다. 로마에서는 토요일과 주일을 제외하고 3주 동안 연속적으로 금식하는 반면, 일리리쿰과 그리스와 알렉산드리아에서는 부활절 전 6주 동안 금식을 지킨다. 그리고 그것을 '사순절'(40일)이라 부른다. 또 다른 곳에서는 부활 축일 전 7주 동안 계속해서 금식한다.[43]

---

41) 참고, A. Braumstark, *Liturgie comparée*, P.208 및 J. Daniélou, "Le Symbolisme des Quarante Jours", *La Maison Dieu*, 31 (1932), p. 19.
42) 참고, McArthur, p. 114 ff., G. Dix, *The shape of the Liturgy*, p. 354.
43) Socrates, *Hist. Eccles.* 5, 22.

소크라테스와 동시대인이지만 조금 더 젊었던 소조메노스도 동일한 정보를 우리에게 제공해주고 있다.

부활절 전의 '사순절'이라고 부르는 것에 대해 어떤 곳에서는 그것을 6주 전에 시작하는데, 일리리쿰의 경우와 서방의 그리스도인들, 그리고 리비아와 이집트와 팔레스타인의 그리스도인들이 그들이다. 하지만 콘스탄티노플과 그 주변 지역의 그리스도인들은 7주전부터 사순절을 시작한다. … 6주간 혹은 7주간 동안, 어떤 이들은 부활절 전 3주간을 일정한 간격을 두고 금식하는가 하면 다른 이들은 부활 축일 전 3주간을 쉬지 않고 금식한다. 그리고 몬타누스주의자들 같은 경우는 단지 2주간만 금식한다.[44]

이러한 차이들은 '사순절'을 이해하는 다양한 방식에 기인한다. 우리가 알기로는 부활절 전 사순절이 정립되기 전부터 이미 그것과는 독립적으로 존재해온 성 대 주간은 과연 여기에 포함되는가? 『에테리아의 순례』[45]에 따르면 예루살렘에서는 사순절이 성 대 주간을 포함하지만 대신 토요일과 주일들은 계산에서 빠졌다. 이렇게 해서 사순절은 각각 5일 동안의 금식을 포함하고 있는 총 8주간에 걸쳐 있었다. 이렇게 사순절은 엄격한 의미에서 금식해야하는 40일로 이해되었다. 동일한 관습이 에피파니오스 성인의 증언에 따르면 키프러스에서, 또 요한 크리소스톰 성인의 증언에 따르면 387년 안티오키아에서도 확인된다. 반대로 콘스탄티노플에서는 이집트나 서방에서처럼 사순절이 본질적으로

---

44) Sozomen, *Hist. Eccl.*, 7, 19.
45) *Peregrinatio Etheriae*, 27, 1.

일주일에 5일의 금식일과 전례 시기로서 또한 매주 이틀의 성찬예배일을 포함하는 총 40일 간의 부활 축일 준비기간을 의미했다. 한 「축일 편지」에서 알렉산드리아의 아타나시오스 성인은 사순절과 성 대 주간의 금식에 대해서 말한다.[46] 그러나 콘스탄티노플에서는 40일이 라자로의 토요일과 성지주일을 포함한 모든 토요일과 주일을 계산에 넣었지만 성 대 주간은 포함되지 않았다. 서방과 이집트에서는 40일이 성 대 주간과 매주 성찬예배일까지 모두 포함했다. 그래서 금식일이 가장 적었다.[47]

확실히 이런 차이들은 많은 논쟁들을 불러일으켰다. 예를 들어 비잔틴 티피콘에 사순절 시작 전 1주간으로 규정된 유식주간[48]은 비록 완화된 것이긴 해도 금식이 시작된다는 점에서, 또한 이미 사순절의 몇몇 특징들이 드러나기 시작한다는 점에서 또 하나의 사순절 주간처럼 여겨지고 있는데(그러면 총 8주간이 된다), 바로 이 금육주간(유식주간)은 8주간으로 구성된 사순절에 대단한 애착을 보이면서 콘스탄티노플의 관습에 맞섰던 팔레스타인 수도승들과의 타협에 기인한 것 같아 보인다. 다만 이슬람교도인 아랍인들에게 이집트와 시리아가 정복된 후 이 지역들이 콘스탄티노플에 대한 교회적 독립성을 상실한 연후에야 비로소 사순절 기간에 대한 결정적인 일치가 확보되었다. 그러므로 딕스가 말한 "보편적인 전례력의 실제적인 기원"은 콘스탄티노플의 역할과 활약에서 찾

---

46) 특별히 그의 *Festal Letter* for 330을 보라.
47) A. Chavasse, "La Structure de Carême et les lectures des messes quadragésimales dans la liturgie romaine", *La Maison Dieu*, 31 (1952), pp.76-119.
48) 역자 주) 유식 주간 : 사순절 시작 직전 1주간으로 육류는 금하지만 유제품은 허용되는 중간적인 금식의 단계이다. 고기를 금한다는 의미를 강조해 금육주간이라 불리기도 한다.

아져야만 한다.

비잔틴에서도 사순절의 발전은 전례 기간 그 자체의 형성과 전례 본문들의 형성이라는 점에서 볼 때 참으로 오랜 세월을 거쳤다. 전례 기간과 관련해서 사순절 이전에 또 다른 2주간이 금육주간에 추가되었다. 탕자의 주간은 금육주일로부터 발전되었다고 11세기 스투디오스 수도승 떼오도로스 성인은 말한다.[49] 세리와 바리사이파 사람 주간은 반反아르메니아 논쟁을 계기로 발전되었다. 이는 7세기에 처음으로 언급된다. 대 사순절의 전례 내용과 관련해서 결정적인 요소는 9세기 콘스탄티노플의 스투디오스 수도원의, 특별히 스투디오스 수도원의 원장이었던 떼오도로스 성인의 전례 개혁이었다. 이 시기 성인成人세례와 세례예비자 교육 제도는 교회의 삶에서 거의 자취를 감추었다. 그렇게 해서 대 사순절이 가지고 있던 세례예비자 교육과 준비라는 특징은 순전히 '참회적인' 특징들로 대체되었다. 스투디오스 수도원의 위대한 업적인 대 사순절 전례서『뜨리오디온』에는 바로 이와 같은 새로운 강조점이 철저하게 녹아들어갔다. 그리고 그것은 대 사순절의 역사적 발전의 최종적인 귀착점이 되었다. 10세기에 오면 대 사순절은 몇몇 세부적인 것을 제외하고 현재와 같은 형식을 소유하게 되었다.

---

49) 강론 50, PG 99, 577.

| 참고문헌 : 역사적 소고 |

Hiermonk Alexis Soloviov, *Istoricheskoye razsuzhdenie o postakh Pravoslavnoi Tserkvi* (정교회의 금식에 관한 역사적 담론), 러시아어 (Moscow : 1837).

I. Mansvetov, *O postakh Pravoslavnoi Tserkvi* (정교회의 금식에 관하여), 러시아어 (1887).

M. Skaballanovich, *Tolkovyi Tipikon* (티삐콘 해설서), 러시아어 (Kiev : 1910).

I. Mansvetov, *Tserkovnyi Ustav* (정교회의 전례규범), 러시아어 (1885).

E. Vancadard, "Carême" in *Dict. De Archéologie Chrétienne et de Liturgie,* II, 2. col. 2139-2158 (서구의 참고문헌 개괄), 그리고 in *Dict. de Théologie Catholique,* II.

R. P. Louis Thomassin, *Traité des Jeûnes de l'Eglise,* (Paris : 1963).

Funk, "Die Entwickelung des Osterfastens", *Kirchengesch, Abhandlungen und Untersuchungen* (Paderbordn : 1897), I, 241-278.

H. Kellner, *Heortologie,* 2nd ed. (Freiburg in Breigau : 1906), pp.69-80.

C. Callewaert, *La Durée et le caractère du carême ancien dans l'Eglise Latine* (Bruges: 1913).

L. Duchesne, *Origines du Culte Chrétien,* 5th ed. (Paris : 1925).

A Baumstark, *Liturgie Comparée* (Chevotogne : no date), pp. 203-213.

A. Allan McArthur, *The Evolution of the Christian Year* (London : 1953), pp. 76-139, 그리고 특히 다음 주제, *La Maison Dieu,* "Carême, préparation à la nuit pascale", 31 (Paris: 1962).